# 绩效考核与管理研究

石泰坤　周琳莹　王华武　著

中国原子能出版社

**图书在版编目（CIP）数据**

绩效考核与管理研究 / 石泰坤，周琳莹，王华武著
. -- 北京：中国原子能出版社，2024.5
ISBN 978-7-5221-3429-1

Ⅰ. ①绩… Ⅱ. ①石… ②周… ③王… Ⅲ. ①企业绩
效–企业管理–研究 Ⅳ. ①F272.5

中国国家版本馆 CIP 数据核字（2024）第 111009 号

**绩效考核与管理研究**

| | |
|---|---|
| 出版发行 | 中国原子能出版社（北京市海淀区阜成路 43 号　100048） |
| 责任编辑 | 杨　青 |
| 责任印制 | 赵　明 |
| 印　　刷 | 北京金港印刷有限公司 |
| 经　　销 | 全国新华书店 |
| 开　　本 | 787 mm×1092 mm　1/16 |
| 印　　张 | 14 |
| 字　　数 | 198 千字 |
| 版　　次 | 2024 年 5 月第 1 版　2024 年 5 月第 1 次印刷 |
| 书　　号 | ISBN 978-7-5221-3429-1　　　定　价　**72.00 元** |

发行电话：010-68452845　　　　　　　版权所有　侵权必究

# 前　言

　　近年来，随着企业的管理理念越来越成熟，绩效管理开始引起人们的广泛关注。绩效管理和薪酬管理被认为是人力资源管理系统的双核，其中，最核心的部分是绩效管理，其是指各级管理者和员工为了达到组织目标共同参与的绩效计划制定、绩效辅导沟通、绩效考核评价、绩效结果应用、绩效目标提升的持续循环过程，其重点在于依托绩效考核，实现员工业绩水平的提高，有效调动员工的积极性，发挥他们潜在的能力，使企业获得最大的收益。

　　绩效考核不是简单的打分与评价，而是企业绩效管理过程中的一种手段。其本质上讲是一种过程管理，绩效考核的最终目的并不是单纯地进行利益分配，而是促进企业与员工、客户、供应商的共同成长，从而形成一个良性互动、共赢发展的利益共同体。目前国内大多数企业都在推行绩效考核，但真正实施好的企业并不多，本书正是借势而为提出优化绩效考核管理的措施。

　　本书共分为七章：第一章为企业面临的挑战及绩效应对，主要就企业面临的系统性挑战、企业在不同发展阶段采取的绩效管理策略、不同绩效管理策略组合优劣分析三个方面展开论述；第二章为绩效考核与绩效管理关系概述，主要围绕绩效考核的含义与作用、绩效考核的内容与准则、绩效管理的含义与特征、绩效管理的目的与作用、绩效考核与管理的关系展开论述；第三章为绩效考核管理工具分析，依次介绍了绩效考核发展分析、量表法及其应用、比较法及其应用、描述法及其应用四个方面的内容；第四章为绩效计划，依次介绍了绩效计划概述、绩效计划的制定原则、绩效计划的组织与管理、绩效计划的结构、绩效计划的流程五个方面的内容；第五章为绩效考核的实施与结果应用，分为五部分内容，依次是绩效考核的关键要素、绩效考核的指标提取方法、绩效考核的体系设计、绩效考核的实施管理、绩效考核结果应用；第六章为绩效管理类型分析，主要围绕绩效管理结构分析、绩效管理流程控制要点、国有企业绩效管理效能提升研究、公共服务型国有企业绩效管理分析、市场竞争型国有企业绩效管理分析展开论述；第七章为绩效管理沟通，依次介绍了绩效管理沟通的含义、绩效管理沟通的目的与原则、绩效管理沟通的流程和方法、绩效管理沟通问题类型及处理、绩效管理沟通效果评价五个方面的内容。

在撰写本书的过程中，笔者参考了大量的学术文献，得到了诸多专家、学者的帮助，在此表示感谢。本书内容全面，条理清晰，但由于笔者水平有限，书中难免有疏漏之处，希望广大同行及时指正。

# 目　录

# 第一章
# 企业面临的挑战及绩效应对

　　为了提升企业内部管理的质量，需要重视绩效管理并制定完备的绩效考核制度。这有助于创造一个利于企业成长的良好氛围，并确保企业管理工作有条不紊的进行。在绩效管理方面，许多企业存在一些问题，这些问题会给企业的可持续发展带来挑战。本章内容为企业面临的挑战及绩效应对，主要就企业面临的系统性挑战、企业在不同发展阶段采取的绩效管理策略、不同绩效管理策略组合优劣分析这三个方面展开论述。

## 第一节　企业面临的系统性挑战

　　近年来，随着我国经济体制的改革与完善，我国经济呈现稳中向好的发展态势，我国企业的规模和数量整体趋于稳定。此外，由于各类企业逐渐加强对各项管理措施的重视，其绩效管理能力及效果得到了极大提升。然而，不可否认的是，在企业整体发展过程中，包括企业绩效管理在内的企业管理仍然面临着系统性的挑战。基于此，企业管理人员需要对这些因素进行逐一的解决和处理，帮助企业实现更加健康稳定的发展。

## 一、企业管理的定义

管理是指管理者在特定的环境中，为实现既定的组织目标，在充分利用组织资源的基础上，进行的计划、决策、组织、指挥、协调、激励、领导和控制等一系列工作的总称。

实际上，企业管理与其他任何管理都是一样的，都以达到预定的目标为目的，都会被环境所约束，都包含计划、领导、组织、控制活动，都需要借助人力资源来实现既定目标。所以，管理的基本原理在企业管理领域同样适用。所不同的是，企业是营利性组织，要面对激烈的市场竞争，企业管理比其他组织的管理更具风险性和挑战性。

基于此，企业管理的概念可以理解为：企业管理是指企业管理者为了实现既定的目标，根据自身的特性及生产经营规律，在特定的环境约束下，充分利用企业所拥有的各种资源所进行的计划、决策、组织、指挥、协调、激励、领导和控制等一系列工作的总称。

企业管理的目的是实现企业既定的目标，这就要求企业在开展管理活动时必须制定明确的、可行的目标。这不仅为企业指明了努力的方向，同时也会对企业员工产生一定的激励作用。

企业管理活动既受内部环境的影响，又受外部环境的制约。良好的管理环境能推动公司的发展，不利的管理环境则会限制公司的发展。所以，在企业管理活动中，环境分析是一个非常重要的方面。

在企业管理活动中需要投入各种资源，这些资源包括人力、物力、财力、技术和信息资源。另外，资源外取是企业管理活动中的一个重要理念，它是指企业通过集成活动，获得所需的各类资源。

## 二、不同层面的企业管理

### （一）宏观层面的企业管理

从宏观层面看，企业管理更多地着眼于企业整体的运行。一般而言，它包括四个方面的内容：一是组织目标，明确组织目标是企业管理的第一要务，企业应根据自身实际情况和业务活动，制定出一个明确的、可量化的目标，以此来推动组织成员一起朝着这个目标前进。二是战略规划。在激烈的市场竞争中，战略规划的作用就是使企业获得核心竞争力，所以战略规划是企业管理的一个重要内容，它主要包括竞争优势、长期目标、资源分配等方面的计划决策。三是绩效管理。绩效管理是指对组织成员的绩效进行评价和监督，具体来说绩效管理包括设立目标、确定评价指标、监督过程、反馈结果等活动，这些活动有助于激励组织成员为完成既定目标而努力，并适时地作出相应的调整。四是组织结构管理。一个科学合理的组织结构有助于信息在企业内部顺畅流动，使员工的工作效率提高，同时也能为各个层级的员工提供成长与进步的空间。所以，企业通常会根据任务划分、层级关系、合作机制等来构建具有自适应能力的组织结构。

### （二）微观层面的企业管理

从微观层面看，员工的个人行为状况、个人能力的发挥、个人领导力的展现是企业管理的重点。当前，微观层面的企业管理可从三个方面分析。首先是对企业文化的管理。企业的核心文化，如"可持续""绿色""智能""可靠""安全"等是企业塑造形象、提升运营效率的关键因素。其次是对人才的管理。人才管理包括选拔、培训、奖惩、绩效考核四个环节。在企业人才管理的过程中，经常会通过多种人力资源管理手段，招揽更多有潜力、有能力的人才，让他们持续为企业效力，并且为这些员工创造发展和提升空间,如透明的晋升通道、完善的激励制度、高额的薪资待遇。最后是对企业内部信息的管理。企业获得可持续发展并取得成功的关键因素是良好、顺畅的沟通机制。所以,在企业的发展过程中,一般都会建立一个部门之间、上下级之间顺畅的信息交流机制,或者是相应的紧急沟通机制。这样,才能更快地发现问题,更好地落实措施,从而提高公司的运营管理水平。

## 三、企业管理现存的共性挑战

### (一)缺乏创新意识和能力

在企业不断发展壮大的过程中,创新意识和能力起着至关重要的作用。现如今,企业之间的竞争十分激烈,在这种形势下企业需要拥有创新意识和能力,以探索新的商业机会和成长方向,维持竞争优势。只有如此,企业的经营模式才能与市场环境相适应,经营策略才能发挥作用,最终实现可持续发展和有效发展。不过有些公司在经营管理方面往往过于保守,过度依赖传统的商业模式和管理策略,不愿意探索新的管理模式和方法。由于担心新的经营模式和管理方式可能带来一系列风险,他们不敢尝试,并且难以接受新技术和新理念。举例来说,一些企业没有充分考虑自身实际需求,以控制成本为由,在信息化时代,仍使用过时的办公设备和软件,这会导致员工工作效率受到影响。

### (二)企业管理组织结构有待完善

一是缺乏有预见性的组织结构规划。一些企业在创办初期就设计了完善的组织结构,且与市场环境相适应,但不少企业设计的组织结构缺乏远见,在市场环境和业务需求的急速变化中逐渐变得不适用,企业需根据市场动态不断调整其业务发展策略。如果企业没有提前规划,就会因过分关注于对抗市场环境的挑战而忽视内部结构的有效调整，从而失去竞争优势。

二是各部门的职能定位不明确。当前，受服务、主营业务、主营产品等因素的影响，有些企业设立了诸多部门，这固然有助于塑造良好的企业形象，但设立的部门过多且职能定位不明确，会使各部门之间的职责和权限出现交叉或划分不清。这就会使各部门之间的沟通协作难度加大，从而降低了各部门的工作效率。比如，因为资源的不合理配置，各部门互相推诿，从而无法高效执行管理决策。

三是管理层过多。一些企业管理层过多，导致决策流程烦琐而迟缓，信息的传输与交流耗费大量的时间，这使得企业不能快速地对市场变化作出反应。

### （三）企业人才培养效能较低

企业人才培养对于企业的可持续发展至关重要，目前企业在人才培养方面还存在以下问题.首先，思想理念陈旧，难以激发和提升员工的求知欲望和忠诚度。一些企业在培训员工时，没有秉承以人为本的培训理念，也没有正确地传达企业文化，导致员工价值观与企业价值观脱节。其次，培训方式缺乏创新性。员工的潜力是无限的，正确的培训方式可充分挖掘员工的潜力，但是一些企业未在培训方式上创新，依旧采用传统的培训方式培训员工，这影响了员工的学习热情和培训的质量。最后，培训内容流于表层。目前有些企业仅注重培训的形式和表面效果，如培训形式隆重，培训内容繁多，但忽视了员工实际的专业能力提升需求。

### （四）缺乏有效的风险管理机制

目前不少企业的风险管理机制缺乏有效性，最主要的原因是没有完善的风险评估和监测机制，这使企业在风险管理过程中难以准确地衡量不同风险的发生概率及对企业的影响。另外，企业未能采取有效的风险防范措施，通常无法有效地应对风险，导致损失增加。举例来说，企业在与合作伙伴签订合同时，不能保证合同里的每项条款都没有漏洞，在合同履行期间，不及时跟踪和监督合同的履行情况，就很容易与对方产生经济纠纷。还有一些企业无法精准判断市场形势，在面临市场风险时，没有提前部署营销管理策略，使得产品出现滞销情况。

## 四、现代企业绩效管理体系

现代企业的绩效管理是一项复杂且系统的工程，受传统企业管理模式和企业文化的影响，现代企业的绩效管理存在诸多问题，包括领导层或基层员工对绩效管理的认知不足、绩效管理工作执行中缺乏对各业务流程的监督与反馈、绩效沟通机制不健全及考评机制匮乏等。其不仅严重影响了企业绩效管理效率的提升，同时也不利于提高企业的发展效益。

### （一）绩效计划

绩效计划是企业开展绩效管理工作的起点，同时也是绩效管理循环系统中的基础环节。从内容上看，绩效计划本身是对企业各项工作目标或标准的明确。从执行角度看，绩效计划是企业管理层和基层员工，就未来一段时间内应该完成哪些工作或需要达成哪些目标，而制定的一系列战略规划部署和计划安排。绩效计划本身具有较强的前瞻性和持续性，在执行的过程中需要不断调整并反馈，使绩效计划能够发挥强有力的指导作用。

### （二）绩效辅导

绩效辅导指的是企业管理者对基层员工完成工作的情况和工作绩效进行辅导和激励的过程，主要目的是鼓励员工发挥主观能动性，参与到企业的生产布局和发展规划当中，并及时监督、约束基层员工的行为，减少员工工作行为和工作目标之间存在的偏差，从而帮助员工改进工作方法。而且绩效辅导还需要对员工的绩效计划执行情况进行系统的追踪，必要时予以纠正。通过系统的辅导行为，企业管理层还可准确记录员工的重要工作成果或主要错误等，以此确定绩效评估指标及员工的绩效奖金或薪酬。也可以说，作为连接绩效评估和绩效计划的中间环节，绩效辅导周期长，但效果十分明显，可以作为评估和审核的行动依据。

### （三）绩效评估

绩效评估是指利用相对科学、系统的原理和方法，测量评定员工在规定周期内的工作效果和工作行为。具体衡量指标有：该员工是否对企业的发展作出了突出的贡献、工作是否有价值等。可以说，绩效评估是衡量企业员工是否完成工作目标的直接手段，而且评估结果将直接影响到员工的教育培训、岗位变化、奖金发放及薪酬调整，关系着每一位员工的切身利益。

### （四）绩效反馈

作为绩效评估工作的延伸，绩效反馈指的是评估工作完成后，企业管理层针对评估结果与各部门负责人进行多项沟通，要求其解释绩效评估工作中存在的疑点和漏洞等。绩效反馈工作的执行不仅能够准确揭露各部门员工上一阶段工作的执行情况、工作态度等，同时也可以为接下来一段时间员工的工作指明改进方向，有利于激发员工的工作积极性和上进心，提高企业的整体绩效。除此之外，通过科学的绩效反馈机制，企业的管理层和基层员工还可以加强沟通与合作，共同探讨下一个绩效管理周期绩效计划的改进方向、改进点等，有利于营造和谐良好的企业发展氛围。

### （五）绩效激励

准确来讲，绩效激励是绩效评估结果的科学应用，将直接决定最终的绩效。因为对于大多数企业来讲，想要防止人员流动过快或者保留工作能力突出、业务能力强的员工，就需要制定更科学的薪酬激励机制，并营造良好的工作氛围。管理层需应用绩效评估结果，结合每一位员工的职业发展方向，制定更科学的岗位调动和薪酬分配等计划，满足员工的基本利益需求，使他们愿意投入更多的心血于日常的工作中，为进一步提高员工个人绩效及整个企业组织的效益提供动力。

## 五、现代企业绩效管理面临的外部环境挑战

企业虽然是独立经营的核算主体，但只有和企业外部的环境进行各种资源的交换才能存续。因此，任何一个企业的绩效管理都离不开外部环境的影响，并受制于外部环境的变化。

### （一）外部人力资源环境挑战

在现代企业中，人力资源是最宝贵的企业资源，是具有创造性的资源，是企业获得可持续竞争优势的关键。企业要发展创新，人才是关键。因此，一个企业能否获得成功员工的工作态度及员工对企业的支持度是关键。

但是，在我国，很多企业由于管理意识淡薄，管理制度不完善及管理水平落后，从一开始就存在人才资源管理缺陷，这在企业发展过程中成为一个难以克服的障碍，阻碍了企业的进一步发展。如今一些国外常用的绩效管理理念被引入国内，为大多数企业所用。国内企业根据这些绩效管理理念构建了绩效管理体系，然而，在将这些理念融入本土企业的管理机制中时，还是出现了一系列问题。例如，越来越多的企业领导、人事管理部门主管，面临着如何让员工积极工作、保持工作热情、降低人才流失率等问题。这些问题是非常值得研究的，如果能解决这些问题，企业家们将开拓出新领域，把企业推向一个新的发展契机。

从外部宏观环境来看，一方面，在企业所处的特殊环境中，存在许多

不利因素阻碍着企业的发展，其中包括政策的不平等性、投资渠道狭窄、法律保障不足、社会歧视、市场秩序混乱及缺乏健全的配套服务体系等。即使面临着许多挑战和困难，企业家们依旧凭借坚韧不拔的恒心克服了种种障碍，促使企业获得了发展。然而，在这种制度环境下创办企业并取得成功是非常困难的，因为这会使许多企业在一开始就存在先天缺陷，包括资本不足、起步水平低、低效的重复投资和难以持续发展等问题。部分创业者缺少创业经验，在没有明智判断的情况下盲目创业，因此创业成功的概率相对较低；针对某些企业而言，其通过某些不正当的途径，甚至不惜以破坏环境为代价来获取短期的效益，这种做法非常不利于企业的长远发展；部分企业存在产权关系不清晰，缺乏规范的企业制度等问题，这些问题给企业带来了许多不良后果；部分企业并未建立在坚实的科学基础上，在快速地发展和扩张后很快陷入衰败。部分企业采取家族管理或家长式管理模式，随着企业的发展，需要处理的信息不断增加，这种管理方式已经无法胜任当前的需求。

另一方面，很多企业员工的户籍、住房、子女教育、社会保障等方面都存在政策供给不均衡或者不公平问题，许多利好政策都与民营企业员工无关。对于民营企业来说，人力资源管理存在诸多挑战，招聘方面的困难尤为突出，通常只能吸引那些无法进入国有企业的员工。与国有企业相比，民营企业难以合理应用人才，缺乏灵活的用人手段和策略，不能充分调用现有的教育培训资源，对员工进行教育培训。在留住员工方面，没能采取多种措施应对关键员工的流失问题，尤其是缺乏内部留人机制，留人策略无法顺利实施。受到上述因素的影响，民营企业的人力资源组成相对简单，以来自农村的劳动力和持有大专以下学历的人员为主。

因此，民营企业要跟上经济良好的发展态势，面对机遇和挑战，从自身的角度来说，最根本的措施就是要完善对人的管理与开发。而企业中人力资源管理的关键在于建立健全员工绩效考核系统，充分调动员工的积极性、创造力，培育企业可持续发展的竞争优势。面对 21 世纪新的世界经济发展格局和脉络，我国企业需要把握中国乃至世界经济发展的新变化、新特点、新形势，从中国乃至世界经济发展的大格局中，找到自己的位置，不断提高自身素质，努力适应外部环境的发展和变化趋势，以便迎接新的挑战。

### （二）外部金融财税环境挑战

社会化服务环境主要包括资金融通、信用担保、技术支持、管理咨询、信息服务、人才培训、中介服务等。我国在这些方面还没有一个完善的机构，以及没有形成有效机制，特别是民营企业的社会化服务环境还不完善。

很长一段时间以来，我国银行发放贷款主要是为国有企业服务，贷款审批过程主要看企业的背景，而非其真实的信用情况。因此，大部分信贷资金都被用于国有企业的经营，即使有些国有企业的资金利用率不佳、债务偿还能力差甚至面临破产，受政策的影响，银行仍会向它们提供贷款。但对民营企业，在政策上实行非国民待遇，对外资企业则实行超国民待遇，这导致民营企业面临着一系列困难，如缺乏畅通的融资渠道、进入市场的门槛较高、缺乏相关的政策支持等。另外，民营企业先天的不足，使银行在为其提供贷款时会面临诸多问题，包括难以获得抵押担保、难以进行有效监督和跟踪及难以维护债权等问题。

## 六、现代企业绩效管理面临的内部环境挑战

虽然绩效管理已经在企业中实现了广泛应用，但在实际应用过程中，受管理人员认知水平有限、管理者与员工沟通不顺畅等因素的影响，依然存在一些问题。

### （一）绩效管理认知不足

现代企业在发展和运营的过程中，想要进一步提高效益，除了要扩大生产、引进高端技术与人才之外，还应落实完善的内部控制工作。绩效管理是内部控制系统中的重要组成部分，只有管理层和基层员工加强认知，认识到绩效管理工作的重要性，才能进一步约束自身行为，提高工作绩效。但当前，部分企业无论是管理层还是基层员工，都忽视了绩效管理的重要性。管理层认为绩效管理就是对员工的工作行为、工作成绩进行管理和记录，成绩优异者给予奖励，工作懈怠者则予以惩罚。这种相对片面的绩效管理模式并不利于调动员工的积极性，同时绩效计划的制定和执行也缺乏员工的有效参与，不利于部门之间的协调沟通。除此之外，企业员工也认为绩效管理是管理层的工作，自己并不需要承担相应的职责，在接受绩效监督和绩效追踪时存在不配合的情况，严重削弱了绩效评价结果的真实性和科学性。

### （二）缺乏监督与反馈

绩效管理中一项重要的环节是绩效辅导，即管理层针对各部门员工的工作行为、表现进行监督和审查。但对一些中小型企业来说，管理层在执行监督与审查工作的时候，受传统思想的束缚，认为加强监督或持续追踪会使员工感受到莫大的压力，因此监督与审查工作执行程序不健全、力度不足，即使员工犯错或工作态度不积极，管理层也没有及时响应并采取有效的惩治措施，监督和管控机制形同虚设，容易引发员工之间的利益矛盾和纠纷。如在同一个绩效评估周期内，有些员工业绩突出，有些员工工作散漫，但是最终获得的绩效收益却相差无几，很容易使员工心理失衡，引发企业人才流失。

### （三）绩效沟通机制不健全

协调沟通是企业科学开展绩效管理工作的前提和基础，如管理层通过定期了解基层员工的工作动向、合作计划和合同签署情况等，能够有效分析其中是否存在风险，做好绩效辅导等一系列工作。一方面减少了基层员工的违规行为，另一方面起到强有力的鼓励和激励作用。但当前受传统企业管理思想的限制，部分企业在落实绩效管理工作时，大多关注制度的设置以及工作计划的执行结果，并没有采取柔性策略定期关心基层员工的日常工作情况。如全部的绩效评估标准都以员工工作成绩为主，忽视了其中的人文和情感要素。这就会导致基层员工在出现工作或心理问题的时候，不敢和领导层沟通与协调。而管理层则认为，员工出现工作失误是由于态度不积极或坦诚度不够，更有甚者会觉得是员工工作能力不足造成的，彼此之间缺乏交流，容易出现信息逆差，不仅容易影响绩效评估和审查结果的真实性，同时也不利于营造轻松愉悦的企业文化氛围。

### （四）绩效考评机制匮乏

部分企业在绩效管理过程中，由于绩效考核内容和现实生产之间严重脱节，再加上缺乏科学的绩效考评机制，最终的考核结果存在失真性和非科学性等问题。如在进行工作业绩评比的过程中，一些非人为因素风险如果没有被纳入考评标准中，如市场价格变动、政策调整和内控调节等风险，容易导致考评失调，对个人或组织部门的绩效作出错误甚至有失公允的判断，降低绩效管理工作的科学性和公信力，同时也不利于激发部门员工工作的积极性。再加上企业制定的绩效管理指标与部门的努力方向绩效评价标准存在较大的差异，部门员工对绩效管理体系持怀疑的态度，不愿意配合接受考核，不仅影响个人的发展，同时也不利于整个部门以及企业的发展。

## 七、企业绩效管理的六大误区

如今，越来越多的企业开始实行绩效管理，制定绩效管理方案，积极推进绩效考核，但在具体实践过程中，企业的绩效管理经常陷入六大误区，具体如下所述。

误区一：缺乏明确的绩效考评定位。在绩效管理过程中，绩效考评是核心环节，其根本目的在于解决问题。绩效考评定位对绩效考评的实施有直接影响，定位不同，绩效考评的实施方法也不同。有的企业只注重绩效考评的实施，忽略了绩效考评定位，导致绩效考评无法达到预期效果。

误区二：缺乏科学的绩效考核指标。在评价工作绩效时，企业可选择的绩效指标有很多，但只将经营指标作为评价依据，过于单一，会导致评价结果不准确。而且企业设定的考核指标大部分都是评价性描述，不是行为性描述，对评价者的主观感受有着较强依赖性，导致评价结果不够客观。

误区三：绩效考评的周期设置不合理。评价周期指的是多长时间做一次评价，大部分企业将评价周期设定为一年，也有企业将其设定为半年、一个季度或一个月。由于评价周期过短或者过长都会使绩效评价失去意义，企业最好根据自身的实际情况设定评价周期。

误区四：认为考核才是重点，沟通是次要的。绩效管理更应重视管理者与员工之间的交流沟通。一个完善的绩效管理系统包含了很多的方面，如绩效目标的制定、员工业绩表现的追踪、期终绩效评估、根据考核结果反馈沟通，可以概括为计划、执行、考核、反馈四个环节。可见，反馈沟通是绩效管理非常重要的一个环节，企业不能只注重考核，忽略沟通，否则绩效考核除了奖惩之外毫无意义。

误区五：实施主体角色错位。很多人认为绩效管理是人力资源部门的责任，应该由人力资源部门全权负责。因此，在实际工作过程中，高层管理部门只是下达指示，具体的绩效管理工作全部交给人力资源部门负责，管理责任由人力资源部门承担。事实上，这种工作安排非常不科学。虽然人力资源部门应当是绩效管理的实施主体，但不能将所有工作都交给这一个部门负责。

误区六：绩效考核的重点安排不当。很多企业的绩效考核只注重结果，一旦出现问题，各部门、各员工就会相互推诿，而不是想办法补救。如果一个组织的关注点是责任而不是改善，这个组织就很难有光明的未来。所以，在企业绩效考核中发现问题时，大家要重点关注如何改善绩效，而不是划定责任。虽然遇到问题划定责任是人们的惯性思维，但如果在问题发生时所有人都只关注划定责任，而不是解决问题、弥补损失，绩效管理的目标就永远无法实现。

综上，企业高层领导也好，人力资源部门也罢，既是绩效管理的推行者，也是被考核对象，必须正视绩效考核工作，对企业资源进行有效整合，对人力资源进行优化，赋予企业长久的核心竞争力，让企业在市场竞争中立于不败之地。

# 第二节　企业在不同发展阶段采取的绩效管理策略

企业就像世界上所有的生物一样，有一个漫长的生命周期，从最初创建、发展、壮大、衰败直至死亡的全过程就是企业的生命周期。《企业生命周期》是美国管理学家爱迪斯的著作，在这本著作中，他把企业的发展过程划分为十个时期，即孕育期、儿童期、学步期、青少年期、壮年期、稳定期、贵族期、官僚早期、官僚期和死亡期。我国学者通常把企业的成长过程划分为四个时期，分别是创业期、成长期、成熟期、衰退期。企业在不同的发展时期，其成长方式与发展重心也不尽相同，并会选择不同的绩效管理策略。

# 一、认识企业不同发展阶段

## （一）创业期

创业期是企业开始自主创业、逐步进入市场的时期，这是一个企业的诞生期。创立之初，企业在人力、资金及其他资源方面较为匮乏，创业者在企业中占据着非常重要的位置，管理过程具有较为浓重的"人治"色彩[①]。同时，企业也没有建立完善的规章制度，各个部门之间也没有明确的经营方针，在公司业务开展的过程当中，大多以领导者作为工作的核心，没有形成自身的企业文化，但是在未来的发展以及建设过程当中，具有较多的可能性以及可成长性。

企业在创业期呈现的特点为：资本实力不强，质量不稳定，产品单一，生产成本较高，产品知名度不高，市场占有率低；规章制度和经营方针缺乏，经验管理居多，未形成企业文化；企业人员不多，分工不够明确，没有专门的培训部门。

## （二）成长期

一家企业在完成基础建设之后，通常会用五年的时间慢慢积累，如果企业能在这段时间内生存下来，并且获得一定的发展，那么它就可以进入成长期，此阶段的发展具有明显的稳定性，以"发展壮大"为目标。一方面，企业挺过了艰难的生存期，基本上经受住了市场的考验，其产品和服务的盈利水平开始稳定地提高，这为企业盈利增速做好了准备。另一方面，在经历了初期的探索之后，企业管理者掌握了一些管理方法，逐渐形成了一套适合企业发展的制度体系，可以很好地规避"人治"所造成的人事变

---

动、管理矛盾等，从而使得企业的经营趋于平稳。此时，企业创立者真正成为企业的领导者，较多的职业经理人逐渐进入企业中并发挥着重要的作用[①]。

对于企业来说，成长期是非常关键的时期，企业核心竞争力的形成和专业化发展都是在这个时期完成的。从积极的角度来看，企业的资金是在成长期筹集起来的，并开始逐渐增多，同时企业的各种资源也是在成长期积累下来的。因此，在成长期许多企业筹集资金的能力得到了显著的提升，其中大部分企业都已经建立起了比较稳定的资金周转能力。与此同时，以多元化的市场需求为基础进行的市场细分也越来越受到关注，企业管理者开始尝试开发各种产品以迎合不同消费者的不同需要，由此企业的产品体系也在继续扩大，这有助于建立一个以核心产品为主，以扩展产品为辅的产品体系。需要注意的是，处于成长期的企业可能没有较好的债务偿还能力，并且面临风险时无法及时将其分散或转移，很容易陷入生存危机。随着企业销售额的增长和利润的增长，企业管理者很可能会对公司进行扩张，在资源匮乏、不具备多元化战略准备的情况下，只能通过借贷来保持快速的增长，这就导致了公司在高资产负债率下，成长表现越来越差。

**（三）成熟期**

在成熟期，巩固和提升现有地位，追求稳定的内在发展是企业的主要任务。从营收角度看，成熟期的企业的主要目标不是继续发展和壮大，而是努力提高生产、研发和管理的效率。这种努力成功地降低了企业的运营成本，并显著提高了利润，从而使整个企业的盈利水平在企业完整的生命周期中达到了最高点。就运营角度而言，成熟期，企业进入集约经营阶段，不再采用之前的粗放经营模式。在市场份额较大、稳定性较强的状态下，

---

① 王养成，张俊杰.企业不同发展阶段的人力资源战略与策略［J］.中国人力资源开发，2021（5）：15-19.

企业拥有快速、固定的营销渠道，仓储和资金周转都处于较高水平，大大降低了企业不必要的成本与损耗[①]。此外，企业还通过建立原材料供应网络，确保生产所需物资的稳定供应，提高了生产效率。另外，一些企业将非核心业务如零部件、配件生产外包给上下游企业，以便将资源和精力更好地投入核心业务中，以获得更高的利润价值。

随着企业进入成熟期，无形资产的价值大幅提升，而风险较高的改革和创新等因素的重要性则明显下降。经过长期的发展，企业孕育出了一套独具特色的产品体系。除了在销售和盈利上有所体现，产品的市场份额还反映了企业产品在市场中受认可的程度。在这一时期，很多企业研发出了广受欢迎且声名远播的产品，树立了良好的品牌形象，传播了产品文化。当今，企业经营与现代媒介的融合已经十分紧密，这为企业的独特经营理念、企业的文化和管理思想提供了快捷的传播渠道，使得消费者能够更快地了解企业的产品和形象，从而使企业树立出积极正面的品牌效应。这种融合进一步提高了企业的核心竞争力，使其他企业难以轻易地模仿和复制。然而，在成熟期大多数企业的领导层都是由中年人构成，这类人群虽然知识渊博、经验丰富，但是他们对新事物缺乏敏感性且接受程度较低，他们所做的决策往往是保守型决策。这导致企业缺乏创新，难以抓住时代提供的良好机遇。

### （四）衰退期

衰退期的企业通常规模大，产品品类繁多，管理和决策体系健全完善，运营管理方面比较规范，具备较高的系统化水平。然而，衰退期的企业通常会面临这些因素带来的成本上升和利润下降的挑战。由于市场需求是不断变化的，在行业竞争越发激烈的环境下，具有竞争力的、能为企业带来

---

① 陈征. 基于市场细分的现代企业营销策略选择 [J]. 商业经济研究，2019（1）：67-69.

效益的产品越来越少，这导致企业盈利能力急速下降，甚至出现亏损的情况。举个例子，当企业处于衰退期时，往往面临多重挑战，其中之一就是企业内部存在许多部门，而这些部门之间相互制约，企业必须经过复杂的流程才能作出决策。加之，不同利益相关者之间有时存在激烈的竞争矛盾，各个部门之间的沟通与协调会受到严重限制。因此，企业要想推进创新和改革会更加艰难。企业的盈利能力明显降低，会导致企业资金周转困难，如果企业资金链断裂，大部分企业将难以避免破产的后果。

企业的衰退与其管理水平的发展息息相关，另外经济不景气、行业萎靡衰退也是企业进入衰退期的客观原因。因此，在衰退时期，企业的核心竞争力会受到显著的影响。首先，在衰退期，企业的核心竞争力会发生变化。企业核心竞争力会在短时间内迅速弱化，特别是部分以技术垄断为核心竞争力的企业，会随着技术解密发展立刻迎来大量低价格竞争者，行业领域发展环境明显恶化，企业竞争压力日益增强的同时盈利能力不断下降[1]。其次，进入衰退期后企业会培育新的核心竞争力。当企业进入衰退阶段时，内部纷争和外部竞争都会达到高峰，形势十分严峻，这使得大部分企业很可能走向破产。然而，有些企业具备冒险的勇气与决心，它们会积极寻找新的机遇，通过内部改革和外部创新，找到新的核心竞争力。

## 二、企业采取的绩效管理策略

### （一）企业绩效管理的环节与步骤

绩效管理的实施有一个很重要的前提条件，即让每位员工都明确自己的工作目标。为此，企业不仅要明确员工的角色地位，还要保证所有工作都有专人负责，所有人都有工作可做。除此之外，企业还要制定可以对个

---

[1] 段颀，刘诗颖，刘欣.是否收购：目标企业核心竞争力与收购企业能力 [J]. 金融发展研究，2019（2）：11-18.

体员工的努力程度进行衡量的指标,将员工的努力程度量化,对员工产生激励、鞭策作用。具体来看,绩效管理的实施过程包含四个阶段,分别是计划阶段、辅导实施阶段、考核评估阶段和反馈面谈阶段。

很多时候,中高层管理者和普通员工都将精力放在了推卸责任方面。为改变这种情况,在发生问题时,企业可以召开对事不对人的质询会议,找到问题、解决问题、提升业绩,而不是一味地追究责任。为了让问题能真正地得以解决,企业还要改进行动,通过切实有效的行动将问题解决方案、业绩提升方案落实下去。

绩效考核很重要,但企业不能孤立地进行绩效考核,应该从绩效管理的角度切入,全面认知绩效考核的作用及实施,在企业内部形成有利于绩效考核的环境与氛围。企业要转变传统的管理方式,就必须从观念上变革。无论是通过绩效考核来重新构建管理模式,还是通过其他手段来改善企业的整体环境,从而推动绩效考核的实施,都是要为实施绩效考核营造一个更加有利的环境。

要把绩效考核贯穿于工作督导和执行的整个过程中,重视、落实每一个细节。绩效考核是企业绩效管理中的一个关键环节,其目标是持续提高组织绩效,提高员工素质,提高企业核心竞争力。绩效考核就是评价工作的最终结果,而绩效管理是一种促进管理水平提高的手段,能够及时发现并解决问题,以提高员工的综合能力,进而推动企业的可持续发展,帮助企业完成绩效目标。

1. 绩效管理的四个环节

一个完整的绩效管理应该包括四个环节,即计划、管理、评估和反馈。

(1)计划环节:整个绩效管理过程从计划开始。新一轮绩效管理开始之后,企业上下通过讨论制定绩效目标,对员工负责的工作内容、工作完成时间、要达到的效果等问题进行明确,并以协议的方式呈现出来。

（2）管理环节：在整个绩效管理期间，管理人员与员工保持沟通，及时发现问题、解决问题，帮员工提升个人绩效。

（3）评估环节：在管理环节结束后，采用科学的考核方法对员工绩效进行评估。

（4）反馈环节：在评估环节结束后，管理人员、上级领导就绩效考核结果与员工面谈，有针对性地对其进行指导，获得反馈。

绩效考核与绩效管理不同，它只是绩效管理的一个环节。根据绩效管理的相关原则，所有部门都要制定自己的绩效目标，在实施绩效管理的过程中及时发现自己部门存在的问题，将问题消灭在萌芽期，以免造成不可估量的损失，保证本部门的绩效目标可以顺利完成，而非造成损失后再追究责任。如果各部门都能完成自己的绩效目标，企业总体的绩效目标自然也能完成。

2. 绩效管理过程

整个绩效管理过程要循序渐进，具体可以分为四个阶段。

（1）第一阶段：明确绩效管理的目标。在这一阶段，要把握好三个要点：首先，将企业的战略目标清晰地传达给员工；其次，在绩效计划的制定过程中，听取员工的意见和建议；最后，对绩效考核的指标要进行定量和定性的分析。

（2）第二阶段：做好沟通。在这一阶段，沟通是重点。只有做好沟通才能让员工了解企业的经营目标、经营现状，才能让员工对个人目标进行调整，使其与企业目标相协调，明确努力方向，让管理者目标与员工目标达成一致，增进管理者对各项工作的了解，方便其在后续管理过程中做好监督、控制与协调工作。

（3）第三阶段：对员工进行评价。在这个阶段，企业要评价员工一个工作周期内的工作绩效，可以从工作表现、工作业绩等方面入手。开始评价之前，企业可允许员工先提交自我评估，再由上级领导综合员工的自我评估结果和之前制定的绩效计划对员工绩效进行科学评价。

（4）第四阶段：生成绩效评估结果。这一阶段会生成最终的绩效评价结果。在这一结果正式生效前，企业管理者必须就评价结果和员工进行一对一沟通，沟通的目的有两个：第一，让管理者和员工都认同最终的绩效评价结果，尤其要让员工接受这个结果；第二，对于绩效评价结果不好的员工，管理者可以通过沟通帮其找到原因，制定业绩改进方案，帮助员工在未来一段时间的工作中提高自己的业绩。

### 3. 绩效管理落地的三个步骤

企业的绩效管理是一个完整的闭环系统，涵盖绩效方案设计、绩效沟通、绩效辅导、绩效考核、考核结果运用、绩效目标调整等多个环节。除了企业的管理者之外，员工也会参与到整个绩效管理过程中。通过实施绩效管理，企业能够从组织、部门及员工个人三个层面实现绩效能力的提升。

传统的绩效管理方式增加了企业管理者的负担，员工也比较反感。出于缓解员工排斥心理的目的，有些管理者在考核时敷衍了事，仅依据个人主观经验对员工表现进行评价，无法反映员工的真正价值。此外，人力资源部门的绩效管理工作开展得并不顺利，绩效管理更多地停留在形式层面，各方参与者之间相互推卸责任，实际作用比较有限。在这种情况下，企业的绩效管理无法达到预定目的，主要是因为绩效管理的实施不到位。

企业实施绩效管理是为了提高员工的绩效能力，要达到这个目标，管理者需提出清晰的绩效目标，并将绩效情况及时反馈给考核对象。另外，在实施绩效管理的过程中，管理者要认真倾听员工的意见，帮助员工更好地完成自己的工作，提高他们对绩效考核的认可度，从而发挥绩效考核在企业管理中的积极作用。要根据绩效考核结果改进企业现有的管理模式，通过提升管理者的能力促进绩效管理作用的发挥。

在绩效管理方面表现优异的企业，通常能够做到三点：第一，企业建立了完整的管理体制，绩效管理工作得到了管理层的高度重视及员工的理解；第二，企业根据自身特点及发展需求制定了绩效管理体系，并在实施过程中进行了调整与优化，绩效管理切实可行；第三，管理者能够将相关知识运用到绩效管理过程中，并且能够灵活运用多种技巧，逐步提高企业的绩效管理能力。在具体实施过程中，企业的绩效管理应遵如下流程。

第一步：明确各责任人的职责

（1）高层决策者的职责。企业的价值理念能够反映在绩效管理体系中。决策者应该根据公司的战略目标设置绩效考核标准，在实施过程中促进各级管理者之间的合作，发挥自身的协调及控制作用，在绩效管理方案设计、绩效考核实施，以及绩效考核结果应用等环节发挥自身的能力。

（2）人力资源管理者的职责。人力资源管理人员要参与企业绩效管理体系的制定，为不同部门、不同岗位制定绩效考核标准，确定企业实施绩效管理的步骤，设计绩效管理相关表单，建立绩效管理制度；根据规定安排并监督不同部门的绩效考核工作，如绩效数据统计、绩效沟通、绩效完善、考核结果应用等；对绩效考核的数据资源进行整合、分析，根据要求执行审批操作等；组织绩效考核人员接受培训，掌握具体的考核方法；衡量绩效考核系统的价值；通过会议方式促进绩效考核工作的开展。

（3）各级管理者的职责。企业的绩效管理工作由各级管理人员承担，这些管理人员面向企业员工开展绩效管理，他们的绩效管理职责具体包含如下三点。

① 设置绩效指标。确立考核指标、各项指标的权重，以及明确获取相关数据的渠道，并得到全体成员的一致认可。

② 工作指导监督。定期检查考核对象的工作进度，实施有效监督，并与其就相关问题进行交流，帮助他们解决资源方面的问题，为其开展工作提供针对性的指导，提高其工作效率，帮助其完成任务。

③ 绩效面谈及改进。及时向考核对象提供反馈信息，让他们明白当前工作中存在的问题，帮助他们提高绩效能力，对现有工作计划进行调整以保证绩效管理工作的顺利开展，各级管理者要学习相关理论，懂得如何运用配套工具，选择恰当的方法，与人力资源管理者进行合作。

第二步：加强绩效管理相关培训

（1）重视员工培训，提高员工接受度。实施绩效管理的企业要确保所有员工对绩效管理的认识都是正确的，即企业实施绩效管理并非根据绩效考核结果削减员工的薪资报酬，而是让员工个人及企业整体达到更高的绩效水平。另外，企业要将绩效管理过程中的重点内容准确无误地传达给员工与各级管理者，鼓励员工将自己的真实意见表达出来，提高员工对绩效管理的认可度。在实施绩效管理的过程中，管理者要帮助员工解决工作中存在的问题，为员工提供必要的资源，引导员工提高工作能力，进而达成绩效目标，真正发挥绩效管理的作用。

（2）加强绩效管理技巧培训，保证有效性。开设绩效管理培训课程，要求管理者在接受培训后掌握绩效管理工具及技巧的应用方法，具体培训内容为：绩效管理的理论知识；绩效目标制定、绩效指标确立的方法；绩效管理体系包含的环节，各个环节的理念应用、工具与方法选择；绩效管理的关键技巧及应用。

各级管理者在参加绩效管理培训之后，能够学会如何进行绩效方案设计、绩效沟通、绩效考核、考核结果应用，懂得如何在实施绩效管理的过程中选择合适的工具、灵活使用相关技巧解决问题，提高自身的绩效管理能力。

第三步：适时推动绩效管理变革

从组织层面来看，绩效管理是对企业传统管理模式的颠覆，能够带动企业变革。在具体实施过程中，部门相关人员的利益会受到影响而出现变化，所以不同员工对绩效管理会持有不同的态度与看法。为了顺利推行绩效管理，企业应该注重如下六个方面的工作。

（1）了解情况：充分了解企业当前的管理情况，把握企业的总体发展战略、绩效管理情况、内外部环境形势。

（2）端正态度：企业需要认真对待绩效管理，留出足够的准备与实施时间，提前制定完善的绩效管理计划。

（3）强化认知：让所有员工认识到企业实施绩效管理的紧迫性，表明企业必定会实施变革。

（4）奠定基础：从第一次绩效考核切入，为后期的工作开展打下良好的基础。

（5）创造良好的环境：对表现优秀的员工及部门进行表彰，发挥其带动作用，创建良好的内部环境。

（6）制定计划：根据企业的总体战略规划实施长期、稳定的绩效管理，制定明确的行动计划。

综上所述，企业的绩效管理是一项完整的、系统化的工作，所有内部成员都要参与其中，各个部门要承担各自的职责，并与其他部门合作，不能将所有的绩效管理工作都交给人力资源部门来完成。在这个过程中，管理者要发挥自身的决策领导力，转变员工的传统思想，促进绩效管理的落实，发挥其实际作用。

### （二）企业开展绩效管理工作各阶段任务

绩效管理的开展并不是一蹴而就的，需要经历前期宣传、中期建设、后期推进的过程，具体内容如下。

#### 1. 前期宣传

企业在最初开展绩效管理工作时，很容易因为管理者不了解绩效工作的内容，员工不了解绩效管理的意义，而导致绩效管理工作的开展受到阻碍。为了保证绩效管理工作顺利进行，在正式开展绩效管理前，需要宣传造势。企业可以通过例会、培训、发放宣传资料等方式来让员工认识和理解绩效管理，员工对绩效管理的理解越透彻，开展绩效管理工作时受到的阻力就会越小。

## 2. 中期建设

中期建设是指制定绩效行动计划，绩效行动计划一般由绩效管理小组来编制，管理小组要起草绩效管理的相关制度，确定各个部门及岗位的绩效计划，制定科学的绩效考核指标。在确立绩效行动计划时，管理小组可以制作一份绩效管理推进计划表，明确绩效管理的实施流程和进度安排。绩效管理推进计划表（见表 1-2-1）一般要包含工作内容、负责人、时间安排等内容。

表 1-2-1　绩效管理推行计划表

| 推进阶段 | 工作目标 | 具体内容 | 责任人 | 时间安排 |
|---|---|---|---|---|
| 准备阶段 | 成立绩效管理小组 | 由总经理及各部门经理确定绩效管理小组成员 | 总经理及部门经理 | ×月×日 |
| | 初步拟定各部门绩效计划 | 确定各部门的绩效目标和指标 | 部门经理 | ×月×日 |
| | 初步拟定各岗位绩效计划 | 按岗位确定被考核员工的绩效指标和目标 | 部门经理 | ×月×日 |
| | 形成绩效管理制度框架和文件 | 完善部门及岗位的绩效计划并编制绩效管理制度 | 管理小组 | ×月×日 |
| 试行阶段 | 跟进部门绩效管理实施情况 | 了解绩效管理实施过程中的问题或漏洞 | 管理小组 | ×月×日 |
| | 跟踪员工绩效计划执行情况 | 了解员工绩效完成情况并纠正偏差 | 部门经理 | ×月×日 |
| 完善阶段 | 反馈绩效问题并完善 | 了解绩效考核结果，并纠正试运行过程中发现的问题 | 管理小组 | ×月×日 |
| 正式启用 | | | | ×月×日 |

## 3. 后期推进

当确定绩效行动计划后，就可以进行绩效管理的推进工作了。部分企业在全公司正式推进绩效管理前，会先试运行，待修正了不合理的绩效指标、优化绩效管理关键环节后再正式运行。

### （三）不同阶段应采取的绩效管理策略

在初创期，由于刚起步，企业的资金和资源都不充足，常常存在着诸多问题，如人才不足、资金不足、业务开拓困难等，并且在初创期，企业存在投入多，回报少的特点。因此，对于绩效考核的要求并不高，一般会采用较为简单的序列比较法。

在成长期，企业基本上已经确立了自己的发展方向，加快了发展的步伐，并且逐渐确立了企业标准。在经历了初创期的探索之后，企业已经确立了发展目标，并且在之后会有一个比较好的发展前景，规模在不断地扩大，员工也越来越多。在这个时期，管理者应该采取一种以教育为主导的管理方式，为员工制定长期的工作目标，同时加强对新员工的培训，让他们快速融入企业，适应企业的发展。在企业成长期，采用目标管理法来进行绩效考核，较为科学、通俗易懂、易于实施，也可以结合硬性分布法、序列比较法等使用。

在成熟期，虽然放慢了发展的步伐，但是企业的各个方面已经趋于完善成熟。具体来说，此时期企业的各项业务已经成熟，经营相对平稳，有着清晰的市场定位和良好的发展前景，有着非常深厚的企业文化，同时企业规模也逐渐壮大，管理水平也越来越高。在这个时期，企业已经进入最好的发展阶段，它的绩效考核变得更加成熟。此时应当选择 KPI 关键业绩指标法，根据员工的日常工作表现总结出相关的绩效考核指标，利用这些指标对员工进行绩效考核，以提升员工的工作绩效，进而提高整个企业的绩效水平。关键业绩指标法是在项目管理法的基础上形成的，但关键业绩指标法更科学、完善，在使用关键业绩指标法时，企业的管理要规范化，否则该方法就无法发挥最佳作用。

在衰退期，企业经营受到限制，需要改变组织结构。此时，绩效考核不是最重要的事，绩效考核对企业发展的推动作用逐渐弱化，甚至毫无作用。若要进行绩效考核，应结合具体情况选择相对简便的序列比较法。

# 第三节　不同绩效管理策略组合优劣分析

随着社会经济的不断发展，市场竞争越来越激烈，企业也迎来了许多新的挑战。企业之间的竞争本质上是人才的竞争，而绩效管理与人才息息相关，绩效管理是影响企业发展的一项至关重要的工作，科学有效的绩效管理不仅可以帮助企业实现健康、平稳发展，还有利于提升企业的竞争力。因此，企业要高度重视绩效管理，并制定相应的策略和措施确保其有效实施。

## 一、明确绩效管理的最终目的

对于绩效管理，不少管理者和员工都存在一定的认识误区，这些错误认识会影响绩效管理的有效推进，只有正确认识绩效管理才能充分发挥其作用，常见的误区有以下三种。

（1）认为绩效考核就是约束员工。许多企业在实施绩效管理的过程中，错误地认为绩效考核就是约束员工，于是设置了极为严苛的考核制度并采用末位淘汰制，对绩效不合格的员工一律采取扣罚工资、辞退等消极的处理方法，最后导致员工怨声载道，公司员工的流失率也很高。以约束员工为目的进行绩效管理是错误的认知，这种认知会将员工推向企业的对立面，实际上绩效管理作为一种管理工具，并不会损害员工的利益。相反，优秀的绩效管理可以强化内部激励，实现企业和员工的共同进步。

（2）认为绩效管理就是绩效考核。将绩效管理等同于绩效考核是常见的错误认知，绩效管理是一个循环的系统，绩效考核只是其中的一个环节，除此之外，绩效管理还包括绩效计划制定、绩效指标设计等环节。如果将绩效管理定位于考核员工，只进行考核这一件事，那么绩效管理必然会走向失败。与单纯的考核不同，绩效管理注重的是过程管理，关注员工实现工作绩效的产出过程，而不是只关注一个考核结果。

（3）认为绩效管理能解决所有的管理问题。只要企业出现管理问题都是绩效管理的责任，这是企业高层管理者容易出现的错误认识。管理者应该认识到绩效管理并不是"灵丹妙药"，企业出现了管理问题，还与企业制度、文化、流程等因素有关。应理智地看待绩效管理，明白绩效管理只是企业管理系统的一个组成部分，而非管理的全部，从而正确地认识绩效管理。

不同的企业引入绩效管理系统的目的是不同的，总的来看，企业都希望绩效管理产生以下作用。

一是激励员工，而不是打击员工积极性。激发员工主动性和创造性是很多企业实施绩效管理的主要目的，但并不是所有企业的绩效管理都会起到激励员工的作用，失败的绩效管理不仅不能激励员工取得更好的工作业绩，反而会带来负面影响。过高的绩效目标不仅不能起到激励员工的作用，反而会带来负面影响，导致员工压力过大，业绩不升反降，这种绩效管理结果是企业不愿看到的。

二是绩效改进，而不是恶性循环。通过绩效管理发现问题并制定和实施绩效改进计划，帮助员工提升工作绩效和能力，是很多企业实施绩效管理的目的。有效地落实绩效改进计划不仅能让员工变得更优秀，还能提升绩效管理效果。只考核不反馈，对绩效问题置之不理，则会形成恶性循环。

## 二、不同绩效管理策略组合的优劣点

不同的企业由于发展现状、岗位设置、员工综合能力等的不同，在进行绩效考核时选择的评估工具也会不同，充分了解不同绩效评估工具的优缺点，可以帮助企业在进行绩效考核时选择更适合自身的工具，使绩效管理真正发挥实效。

**（一）关键绩效指标法与目标管理法策略组合优劣点**

**1. 关键绩效指标法的概念**

关键绩效指标（Key Performance Indicator，KPI）是通过对组织内部流程的输入端、输出端的关键参数的设置、取样、计算、分析，衡量流程绩效的一种目标式量化管理指标，是把企业的战略目标分解为具体的工作目标的工具，是企业绩效管理的基础。

关键绩效指标法通过将企业战略目标层层分解，提炼出有利于企业战略实施的关键成功因素（Core Success Factors，CSF），进而识别出对企业价值创造起决定性作用的关键绩效指标，以保证企业整体战略目标的实现。关键绩效指标法的应用可以说创造出了一种新的绩效管理思路，企业管理者通过抓住关键绩效指标引导员工朝着业务发展的重点方向前进，并将员工目标和组织目标紧密联系起来。

**2. 目标管理法的概念**

目标管理法（Management by Objective，MBO）由美国管理学家德鲁克于 20 世纪 50 年代提出，是以目标结果为导向的一种绩效评估工具，其核心是以目标来激励员工，从而使员工可以自发、积极地完成工作任务。利用目标管理法，可以将企业发展的总目标和任务转化为分解目标。企业在实际的生产经营过程中若没有明确发展总目标及与之相对应的分解目标，会导致企业生产资源的浪费，以及盲目发展。

在企业中，目标管理法可分为四个环节去实施：第一个环节是制定目标；第二个环节是实施目标；第三个环节是反馈和处理信息；第四个环节是检查执行结果，制定合理的奖励和惩罚措施。目标管理法可将企业的目标归于实际，使其具体化、可执行，接着再将总目标分解成次级目标，分发给企业每个部门，部门再将次级目标分解成许多小目标，安排给企业员工。总体目标将被逐级分解由各部门再到各员工最终实现。

### 3. 关键绩效指标法的优劣点

随着竞争压力的不断增加，企业不断探寻有效提升绩效的方法和途径，将绩效管理作为宏观战略的重要部分。在企业绩效管理过程中，关键绩效指标法是一种非常有效的方法，通过对企业的战略目标进行逐层分解，找出有助于执行企业战略的主要要素，并进一步筛选出对公司价值创造活动具有决定性作用的关键绩效指标，从而确保公司的总体战略目标得以实现。例如，麦肯锡公司在 1999 年引入了关键绩效指标方法，旨在优化企业战略。该公司将绩效评价指标作为促进企业战略实施的策略，鼓励企业员工优先完成关键工作，使企业战略得到充分执行，同时，确保企业的绩效得到有效的提升。关键绩效指标可以有效地细化企业战略目标，具有明确的价值导向作用，指导企业绩效管理有序发展，从而促使企业的宏观战略目标能够更加高效、快速地实现。

总的来说，采用关键绩效指标法有明确的优势，首先，它可以帮助组织明确目标并有效地实现战略目标。关键绩效指标是组织战略目标的逐级分解，整合和控制关键绩效指标可以确保员工的工作行为与组织目标相匹配，最终实现组织战略目标而避免偏差。其次，倡导了客户价值观。关键绩效指标强调实现组织内外客户的价值，并促进企业形成以市场为导向的经营理念。最后，可以协调企业利益和员工利益之间的关系。通过将战略目标分解为员工绩效目标的方式，可以将企业目标与员工激励机制相结合，从而实现企业与员工双赢局面。员工在努力实现个人绩效目标的同时，也是在为实现企业整体战略目标作贡献。

任何方法都有两面性，有优势的同时也会存在弊端，关键绩效指标法也不例外，其弊端为：第一，首要的困难在于确立关键绩效指标，绩效考核通常更倾向于使用可量化的指标，但是如果没有使用专业的方法考察这些指标，这些指标对企业绩效是否有关键作用是很难确定的。第二，关键绩效指标容易使考核者陷入机械化考核的误区。如果只考虑考核指标，不考虑其他因素或不懂得灵活变通，会引起有关考核公平性的争议。第三，并非所有的岗位都适用于同一种关键绩效指标。

4. 目标管理法的优劣点

作为一种被广泛使用的绩效评估工具，目标管理法既有优点，也有缺点，其优缺点如下。

（1）目标管理法优点

从目标管理法实施的过程和管理形式来看，目标管理法具有以下优点。

第一，激励员工。这种激励作用体现在目标管理法将个人和组织目标联系起来，其考核以目标完成情况为评价标准，考核结果很容易观测和评估，这使得员工对于目标任务有着清晰的认识，能自主地完成目标。当这种基于目标的考核结果与员工报酬、人事奖惩等联系在一起时，更能激发员工的积极性。

第二，实现组织与个人目标的统一。在目标管理法实施过程中，员工会参与目标的制定，而员工的目标是对组织目标和部门目标的分解。当员工目标和部门目标实现时，组织目标也会实现，因此目标管理法能实现组织与个人目标的统一。

第三，提高员工自我管理能力。目标管理法强调自查自检，这使得员工在实现目标的过程中能清楚自身存在的不足，并自我改进，这样可以加强员工的自我管理能力。

（2）目标管理法的缺点

目标管理法也有缺点，其缺点主要表现在以下五个方面。

第一，注重短期目标。从大多数企业的实践来看，在设定目标时会以短期目标为主，这主要是因为短期目标比较容易分解和实现，并且效果更明显。但也会使得企业和员工只关注短期目标，而忽视了长期目标，如果目标设置不合理，这个缺点会进一步影响企业的长远发展。

第二，企业运作缺乏弹性。当目标管理中的目标确定后通常不会轻易更改，这会使企业的运作缺乏弹性，如果企业内外部环境发生了变化，这一缺点会导致已经设立好的目标无法及时调整，不能适应这种变化，从而影响企业的运作。

第三，无法进行横向比较。运用目标管理法形成的绩效标准无法在不同部门、不同员工之间设立统一的目标，这使得企业无法对员工进行工作业绩的横向比较。

第四，忽视员工素质的提升。目标管理法关注目标的完成结果，对于员工实现目标的行为通常不会作出要求，这就会使得企业无法对员工的行为作出约束，过于关注实现目标而忽视员工素质的提升。

第五，受到部分员工的抵触。并不是所有员工都是目标偏好者，对于目标压力厌恶者来说，他们并不喜欢目标所带来的压力，这会导致目标管理法受到部分员工的抵触。

## （二）平衡记分卡与360度考核法策略组合优劣点

### 1. 平衡记分卡的概念

平衡计分卡（Balanced Score Card，BSC），是以实现组织战略为核心的绩效考核工具。针对企业绩效考核管理，平衡计分卡将组织战略分解为可衡量和可操作的指标（即从财务角度和非财务角度两个层面进行评估），通过层层落实企业战略，评估企业的发展战略目标是否实现。平衡计分卡通常涵盖学习与成长、内部业务流程经营、顾客、财务等四个维度的内容，对应着企业职工、销售商或企业顾客、企业经营管理人员三个参与者。平衡计分卡需要建立在三个参与者和四个维度驱动关系之上，以此对企业指标和各级目标进行评估，然后将企业的经营发展规律呈现出来。

平衡计分卡最大的特点在于"平衡"，包括内外部的平衡、长短期的平衡、定量和定性的平衡、成果及其驱动因素的平衡。平衡计分卡可以借助因果关系，设计出一个操作性强的框架，将企业绩效管理和战略转化为可行的计划。平衡计分卡的最佳状态应该是互相强化，而不局限于绩效和指标的集合，如其中一项财务指标即投资回报率，其驱动力来自客户满意度，而要想获得客户的满意，不仅需要企业提升生产效率和质量，还需要对经营流程进行优化，而企业要想获取更好的经营效果则需要员工技术水平不断提升，这就与平衡计分卡的四个维度存在密切联系。

尽管平衡计分卡被广泛采用且具有实用性，但并非所有企业都适合应用该工具。企业应制定战略目标，然后运用平衡计分卡将这些目标拆分成具体的员工绩效考核指标。平衡计分卡的四个维度相互关联，缺一不可。若仅仅针对财务方面进行绩效考核而忽略其他维度，就无法达到利用平衡计分卡优化企业绩效管理的目的。在企业绩效管理过程中，使用平衡计分卡，需要满足三方面的要求：一是具备健全的财务核算系统；二是具备完备的基础管理系统；三是具备完善的内部规章制度。

**2. 360 度考核法的概念**

英特尔公司是第一家提出并实施 360 度考核法（也称为全方位评估法）的公司，360 度考核法是一种综合评估方法。这一方法旨在从不同角度，包括员工自身、上级、同事、下属和客户等获得反馈，使管理者全面了解员工的工作表现，使员工全方位了解自己在工作中的优势和劣势。在 20 世纪

90 年代，360 度考核法一经提出就被广泛应用于各个企业，成为人力资源管理中备受瞩目的措施。

360 度考核法是人力资源管理领域中的一种评价方法，其主要思路是通过改革系统性能测试的方式，转变传统的考核方法，不再由上级单方面决定，而是通过多方参与评估和互相反馈信息，让考核成为一个既能够促进内部沟通，又能够实现从内部到外部互通互联的改进和提高过程。360 度考核法涉及的主体非常广泛，为保证评估的全面性，需要让所有与被评估者相关的人员参与其中，这些人员包括员工的上下级、同事以及客户等。此外，360 度考核法能够对评估对象进行全面的评估，除了对员工的直接业绩进行量化评估之外，还需要综合考虑无法量化的质量因素以及其他影响因素，从多角度进行全方位综合评价，再把评估结果反馈给员工，以此提高员工的绩效。把 360 度考核法引入企业绩效考核机制，对员工进行科学的评价，可修正现有绩效考核制度的缺陷，充分激发员工的潜力，使企业和员工共同进步。

## 3. 平衡计分卡的优劣点

平衡计分卡所追求的四个平衡充分体现了其所具有的优点。

（1）内外部的平衡，即平衡计分卡的考评指标会将内部评价（如员工的评价等）与外部评价（如客户的评价等）结合起来，这种平衡使得企业既注重内部流程的优化，也能维护好外部的形象和客户关系。

（2）长短期的平衡，即平衡计分卡不仅会关注短期目标，也会关注企业长期的战略目标，这使得年度或月度绩效目标能够与企业长期发展目标保持一致，可以有效避免短期行为。

（3）定量与定性的平衡，即平衡计分卡并不仅关注定量指标，其还会考核定性指标，通过将定量与定性指标结合，可以弥补只考核定量或定性指标所带来的缺陷，使绩效考评指标体系更完善、全面。

（4）成果及其驱动因素的平衡，即在平衡计分卡的考核中，既包含成果指标，如市场占有率；也包含会对成果产生影响的驱动因素指标，如员工培训开发，通过这样的平衡可以让企业关注成果的同时也关注影响绩效结果的因素和过程。

平衡计分卡既是一种绩效管理工具，也是企业加强战略执行力的工具，在使用平衡计分卡的过程中，存在一定的缺点，具体体现在以下几方面。

（1）有一定的实施难度。若企业想要成功使用平衡计分卡，就需明确企业战略目标；高层管理者应该拥有将战略分解成明确可行的指标，并有效地传达给团队的意愿和能力；中高层管理者应具备挖掘新的考核指标并将之用于实践的能力。因此，对于缺乏管理基础的企业而言，不应直接采用平衡计分卡来解决问题，而需要先提升管理能力，等管理水平符合要求后再逐步引入平衡计分卡。

（2）建立完备的指标体系具有一定难度。平衡计分卡在绩效管理过程中引入了非财务指标，打破了传统绩效评价体系的限制，消除了过于依赖财务指标的弊端。但是，这也带来了其他方面的挑战，比如非财务指标体系的构建方法是什么、非财务指标的标准如何确立，以及如何对非财务指标的表现进行评估。制定财务指标较为容易，但非财务指标的明确更具挑战性，企业需要不断探索和总结。还有一个需要注意的点是不同企业所面临的竞争环境各不相同，因此需要制定具有针对性的战略和相应的目标。因此，应用平衡计分卡时，企业管理层需认真评估企业的战略取向、业务重点以及外部情况等诸多因素。

（3）存在大量的指标。当指标太多时，就很难确定它们之间的因果关系，从而影响指标的准确性。进行绩效管理时，需要在财务、顾客、内部业务流程、学习与成长四个维度上综合考虑。一般来说，23～25 个是最合适的指标数量。其中，包括财务维度的 5 个指标，顾客维度的 5 个指标，内部业务流程维度的 8～10 个指标和学习与成长维度的 5 个指标。当指标之间存在部分相关性时，需要根据具体情况选择最为合适的指标作为评价标准，以便更准确地评估。具体而言，如果某个指标对于最终结果的影响比其他指标更加显著，那么可以优先选择该指标作为评价的依据；如果多个指标对最终结果的影响相当，那么可以借助加权平均等方法，将不同指标的得分综合起来，得出最终的评价结果。如果省略某些指标，可能会影响绩效评价的全面性。这些问题在运用平衡计分卡时需予以重视。各项指标之间明确、真实的因果关系是使用平衡计分卡的关键，然而，这些因果关系链在平衡计分卡使用的过程中，往往并不十分真实可靠。此外，若竞争环境发生剧烈变革时，既有的策略以及相应的评估指标将不再适用，因此需要重新调整。

（4）在分配各项指标的权重时较为困难。为了对企业绩效作出全面的评价，必须对财务、顾客、内部业务流程、学习与成长进行综合考虑，并根据各个方面的贡献度分配相应的权重。但棘手的是，必须同时考虑在不同层次上分配权重和在同一层次上分配不同指标的权重。权重的分配因不同层面和指标而异，因此会导致评价结果也存在差异。平衡计分卡并未提供针对不同发展阶段和战略需求分配指标权重的具体方法，因此权重的分配缺乏客观标准，这使得权重分配存在较大的主观性。

（5）某些指标的量化工作存在难以落实的情况。在量化某些抽象的非财务指标方面尤其具有挑战性，如客户的满意度和保持度，以及员工发展和工作满意度等指标的量化十分困难，由此产生的一个影响是在衡量公司绩效时难以避免主观因素的介入。

（6）成本投入较大。企业在使用平衡计分卡时，必须从财务、顾客、内部业务流程、学习与成长四个方面全面考虑，并为每个方面详细规划相应的目标和指标，以确保全面平衡地实现企业战略目标。使用平衡计分卡需要投入大量资源。在完全理解战略目标的基础上，逐级分解目标并找出相应的指标，需要投入许多精力和时间。而使用平衡计分卡的后期阶段，可能会出现 15～20 多个指标，考核和收集这些数据是一项繁重的任务。此外，平衡计分卡的使用周期为 3～6 个月的时间，为了确保符合标准还要再加上几个月的结构调整期。因此，通常需要至少 1 年时间来完成整个考核过程。

### 4. 360 度考核法的优劣点

360 度考核法常用于对企业管理者的考核评价，其优点主要体现在：360 度考核法的考核者并不局限于上级，这使得 360 度考核法能够避免传统考核中只由上级考核下级所带来的"光环效应""个人偏见"等问题；360 度考核法会通过不同的主体来评价被考核者，这可以避免考核的片面性，使得企业可以更全面地评价同一被考核者；考核主体的多元性使得 360 度考核法能够提高考核结果的有效性，促进被考核者多方面素质和能力的提升；360 度考核法充分发挥了员工参与的作用，这使得员工能够感受到企业对绩效考核的重视程度，对企业绩效管理的有效实施有着积极的推动作用。

360 度考核法有着其他考核工具所没有的优点，但其也存在一定的缺点，具体体现在：一个被考核者要由多名考核者来作出评价，这使得企业实施 360 度考核法所花费的时间较多，考核成本较高；考核者的多元性会增加考评数据收集和处理的难度，这需要企业加强信息技术建设；360 度考核法的主观性较强，可能存在某些员工利用考评机会"公报私仇"的现象；受工作岗位从属关系的影响，可能存在员工不敢如实作出真实评价的情况出现；360 度考核法中的员工既是考核者，也是被考核者，这在无形中会增加企业绩效管理培训的工作量。

# 第二章
# 绩效考核与绩效管理关系概述

本章内容为绩效考核与绩效管理关系概述，主要围绕绩效考核的含义与作用、绩效考核的内容与准则、绩效管理的含义与特征、绩效管理的目的与作用、绩效考核与管理的关系展开论述。

## 第一节　绩效考核的含义与作用

现代企业要获得发展，提高效益，就要重视除技术、资金、产品外的另一发展要素——人力资源。一般认为，产品、技术、资金、人力资源和管理是制约一个组织经济效益和社会效益提高的基本因素。作为一项重要的人事管理手段，绩效考核是企业人力资源管理中最重要的组成部分，对企业的发展有着举足轻重的作用。绩效考核就是考察和评价员工的工作表现和工作成果，并把考核结果反馈给员工，以激励员工更加努力地工作或是帮助员工及时找出工作中的不足并加以改正的过程，这个过程涉及管理者与员工的双向沟通。所以，一个良好的绩效考核制度能够促进管理者与员工之间的沟通，并让他们互相了解彼此的需求。

## 一、绩效考核的含义

绩效考核（Performance Appraisal），又称员工考核、人事考评、绩效评价等，它是指对员工或工作人员的工作行为和结果进行系统的评价，是一种正式的工作人员考评制度。对基层人员，绩效考核通常采用结果趋向性考评；对基层人员的实际工作结果进行业绩评定，就是考核他们的实际工作绩效。绩效考核可以帮助企业管理者了解企业员工的能力与实力，掌握企业目标与企业实际经营状况之间的差异，可以帮助员工提高工作效率，改善工作中存在的不足之处。

绩效考核是评估工作人员在某一个时期内对组织作出贡献的过程的评价。不管是企业管理者还是工作人员，都要全面、正确地认识和看待绩效管理，这是绩效考核制度在企业贯彻执行的必要条件。

我们先来看看以下一些专家、学者对绩效考核的含义解读。

（1）根据各成员在企业内的作用大小对其排名。

（2）包括程序、规范、方法等考评步骤，是对员工的能力、工作态度、资质、对企业的贡献度的综合考评，以确定员工的能力、工作状况和适应性。

（3）是一种结果定期的、客观的、有秩序的考评，可用以考评员工在现有岗位的工作状况以及升职的潜力。

（4）是人力资源管理过程中最重要的一环，是管理者对企业员工日常工作表现的观察、追踪和记录，在客观公正的基础上，为员工提供书面或语言性的反馈，以提高员工的各项能力。

（5）是一种较为正规的管理制度，用于定期考评员工和部门的工作表现。

综上所述，绩效考核的含义简单地说，是指用系统的方法、原理来评定、测量员工在职务上的工作行为和工作效果。具体来说，绩效考核是完成战略性目标的一种结构化方法，是衡量组织成员是否完成目标的手段。

这一过程包括由战略目标驱动并与业务流程相联系的对组织、部门和个体的绩效考核。

绩效考核应包括如下三个层面的含义。

（1）绩效考核是从企业经营目标出发，对员工工作进行考评，并将考评结果与其他人力资源管理职能相结合，推动企业经营目标的实现。

（2）绩效考核是人力资源管理系统的组成部分，它是运用一套系统和一贯的制度性规范、程序和方法进行的考评。

（3）绩效考核是对组织成员在日常工作中所表现的能力、态度和业绩进行的以事实为依据的评价。

## 二、绩效考核的特点

深入理解绩效考核，需要知晓绩效考核的一些特点。

（1）在企业的人事管理系统之中，绩效考核是一个不可或缺的环节。绩效考核针对正式员工而制定的考核制度，是现代人力资源管理中必不可少的制度之一。它采用科学的手段和原则，对员工在工作岗位上的工作表现和业绩进行评估和考察。绩效考核实际上是企业管理者与企业员工之间的一种沟通方式，员工的薪酬待遇受到绩效考核结果的直接影响。

（2）绩效考核是用来控制绩效的方法之一。对员工和企业的绩效进行评定和考核，根据考核结果改进企业管理制度，可提升员工绩效。绩效考核不仅能评定员工的工作表现，还能够激发员工的工作积极性，使他们在工作中获得成就感和满足感。另外，还可以将考核的结果作为员工升职、加薪以及福利分配的依据。

（3）绩效考核过程是对企业战略目标达成情况进行评估的过程。在企业中，绩效考核被视为一种衡量员工、部门和整个企业表现的方式。制定一套关键绩效指标体系来反映这种表现是绩效考核中最具有技术难度的任务之一，这些指标应该代表企业期望看到的行为和结果。

（4）绩效考核是和一定目的紧密联系的管理活动。绩效考核总是按照一定的目的进行评价，绩效考核的结果可以直接影响员工的薪酬调整、奖金发放及职务升降等诸多利益，有助于提升员工和组织的绩效。

## 三、绩效考核的目的

绩效考核是人力资源开发与管理的重要环节，是其他环节如奖惩、培训、辞退、职务任用和升降等正确实施的基础与依据。

### （一）绩效考核的八大目的

美国组织行为学家约翰·伊凡斯维奇认为，绩效考核可以达到以下八个方面的目的。

（1）为工作人员的晋升、降职、调职和离职提供依据。

（2）组织对工作人员绩效考核的反馈。

（3）对工作人员和团队对组织的贡献进行考评。

（4）为工作人员的薪酬决策提供依据。

（5）对招聘选择和工作分配的决策进行考评。

（6）了解工作人员和团队有关培训和教育的需要。

（7）对培训和工作人员职业生涯规划效果进行考评。

（8）为工作计划、预算考评和人力资源规划提供参考信息。

### （二）绩效考核是一种手段

绩效考核只是企业采取的一种管理手段，不是为了考核而考核，是一种可以检验工作成果与目标之间的距离，并对其进行协调与控制的手段。它是一种衡量、评价、影响员工工作表现的系统，可揭示员工工作的有效性和其未来工作的潜能，从而使其本身、组织乃至社会都受益。

实际上，绩效考核旨在调动企业员工工作的热情，促进企业目标的实现，以公平公正的方式从客观的角度对员工的工作表现作出真实的评定，同时也对企业员工的适应能力和工作能力作出评定。它是人力资源开发与管理中一项重要的基础性工作，旨在通过科学的方法、原理来评定和测量工作人员职务方面的工作行为和工作效能。它一般涉及员工绩效的识别、测评及员工培训开发等方面。

对许多组织来说，只有对员工的工作表现进行有效的评价，才能更好地了解其对企业的贡献，同时也能为企业的发展与管理提供宝贵的评价数据。企业可以根据员工的工作表现来评价自己的员工，并得到反馈，从而制定出相应的人事决定和措施，调整和改进组织效能。建立组织员工考评制度，是提高员工队伍素质的需要，是充分调动员工积极性的手段，是组织劳动管理科学化的重要基础。绩效考核也是一种沟通交流行为，是一种企业管理者与员工之间关于业绩的双向交流。在此过程中，企业管理层和员工相互交流，协助员工树立业绩发展目标，根据考核结果不断修正员工的无效工作行为，培养员工的各项能力，帮助员工完成工作目标。在此基础上，作为一段时间绩效的总结，企业管理者可以利用科学的方法建立员工绩效等级，发现员工工作中的缺点，并制定改善方案，让员工朝着更高的绩效等级努力。

### （三）在绩效考核过程中要学会朝前看

在绩效考核过程中一定要学会朝前看，要认识到绩效考核主要的参考点是"未来"，这样才有利于目标的完善和实现。所以绩效考核表面上是与原定标准的比较，实际上并不是为了解释"过去"如何，而是通过考评这一手段，把得到的考评结果作为修正某项工作或规划某个员工未来的依据，强化对员工及实际工作能力的开发。

有效的绩效考核，还可以评定人事选拔和培训的效果。考核一方面可监督和管理员工的工作，另一方面可表明组织对员工工作价值的肯定。通过绩效考核，管理者和人力资源部门可以及时、准确地获得员工的工作信息，通过对这些信息的整理和分析，及时发现政策中的不足和问题，从而为改进组织在预算、人力资源规划等方面的政策提供有效的依据。

## 四、绩效考核的意义

为什么要进行绩效考核？绩效考核重要吗？毋庸置疑，绩效考核具有积极的意义，但是也要考虑绩效考核的有效性，有效的绩效考核可以推动企业发展，无效的绩效考核不但不会推进企业进步，甚至会造成无法预料的后果。

一个完善且有效的绩效考核制度，不但可以对企业员工、企业各部门甚至整个企业近期的表现进行总结，而且可以从各个方面促进员工与管理者之间的有效沟通。具体而言，体现在以下四个方面。

### （一）促进上下级沟通

良好的绩效考核制度，既可以对员工的日常工作表现进行评估，也可以将考核的结果通过面谈或其他方式反馈给员工，员工还可以针对考核结果做说明和申诉。在这种情况下，绩效考核能够加强上下级之间的交流，从而更好地理解双方诉求。

### （二）提高员工业绩

要想提高企业员工的工作业绩，必须从两个方面入手：首先，员工的工作目标要与企业的战略目标保持一致，引导员工为实现企业目标而努力工作。有效的绩效考核通常会把重点放在员工的目标上，通过激励员工实现个人目标，进而实现企业目标。通过绩效考核，员工可以清晰地了解到企业想让他们朝什么方向努力，从而修正自己的工作方向，使其与企业的需求相一致。其次，有效的绩效考核为企业提供了一种对其员工工作表现进行系统性监督的手段。绩效考核所产生的监督作用可以鼓励企业员工完成绩效目标。在工作表现不理想的情况下，企业可以帮助员工改进工作方法，促使他们成长。

### （三）提高工作满意度

企业员工的满意度受哪些因素的影响？如何才能提高？员工普遍认为，应该根据员工个人的贡献以及以往的工作表现来决定加薪、晋升之类的奖赏。如果用人单位采用不公平的考核制度或其他评价标准时，员工的满意度就会下降，并有可能跳槽到其他企业谋求发展，这会使企业内部人员的流动性变大，对企业的经营产生不利的影响。从这个角度看，良好的绩效考核制度能降低企业员工的流动性，提高员工的满意度。

### （四）能为适当的人力资源开发与管理提供决策

员工绩效考核制度的建立，可以为企业开发和管理人力资源提供决策支持。研究表明，基于绩效考核的薪酬决策可以激励员工，提高员工工作的积极性，从而促进企业的发展。

## 五、绩效考核的用途

在员工薪资调整、职务变动方面，绩效考核发挥着重要作用，是重要的调整依据。但是，它的作用远不止于此，绩效考核可以帮助员工更清楚地认识自己，明晰自己的优势和不足，帮助其找到个人发展方向。此外，绩效考核也是一种有效的沟通方式，是企业管理者与员工沟通的媒介，能够加强双方之间的互相理解，使其共同进步。除此之外，绩效考核的用途还有很多，具体而言主要有八个方面，具体说明如下。

（1）任用员工。企业通过绩效考核，能了解哪些员工适合留下，哪些员工适合干什么工作，以便进行合理的工作岗位配置。

（2）知晓期望。每个人都想在自己的岗位上实现自我价值，得到发展，而企业对员工进行职业培训的目的就是帮助其在工作中寻找实现自我价值的出路。此时，绩效考核就像是一个导航系统，能使员工明确自身的不足，为员工指引方向，帮助其走向最终目的地。

（3）薪酬参考。员工的考核结果将决定他们的薪酬调整和奖金发放，无论是描述性的文字还是量化的数字，考核结果都被视为重要的参考资料。需要将考核结果以公开透明的方式呈现给员工，同时也要得到员工的认可。因此，绩效考核结果是非常重要且具有说服力的薪酬参考资料。

（4）升职依据。员工的职业发展，涵盖了晋升、降职、转岗或解雇等各种变化。绩效考核能够客观地评估员工在当前岗位表现的优劣，因此可作为评判员工是否适合此岗位的依据。根据考核结果作出的职务调整往往更容易被员工接受和认可。

（5）知晓差距。绩效考核能够让员工知晓其现阶段的表现与企业预期目标之间的差距。尽管管理者和员工经常处于同一个空间，进行频繁的工作交流，但员工依旧无法全面了解管理者对自己的评价以及企业对自己的期待。这时，绩效考核不失为一种了解企业评价与期待的有效方式。绩效考核是一种规范的评价机制，能定期对员工进行考核，其考核结果对员工公开展示，因而员工可以根据考核结果推断出企业对自己的评价和期待，明确自己在企业中的定位和作用。绩效考核使企业员工有机会参与到制定企业目标的过程中，指导他们改进技能和行为，树立终身学习的观念，有利于员工谋求个人发展和完善职业规划，提升员工的归属感和成就感，让员工有更多发展机会，在岗位上获得成功。

（6）发掘潜能。绩效考核也可以用于挖掘员工的潜力，鼓励他们转移到更具有挑战性的工作岗位，激发他们的潜力，从而获得惊人的工作成果。

（7）加强沟通。绩效考核涉及管理者和员工之间的沟通与反馈，目的在于持续提高员工的工作效率和工作业绩。除了对目标进行管理，绩效考核更是对人的一种管理，它对员工个人的发展、企业部门的发展乃至整个企业的发展都有至关重要的作用。针对考核结果进行沟通是企业绩效考核后的一项重要工作内容，具体来讲就是管理者（评价者）与员工面对面交流，探讨考核结果，指出其优缺点及需要改善之处。考核后的沟通为管理者和员工提供了一个正式交流的机会，通过这种沟通和交流，管理者能够对员工的工作现状及其深层原因有基本的了解，同时员工也能对管理者的管理思想与方案有所了解。考核沟通使管理者和员工之间建立起信任，使企业的管理工作更公开，使员工的工作效率更高。

（8）为 HRP 提供依据。HRP 就是人力资源规划，其含义是对企业内部的人力资源进行有效的管理和规划。管理者和人力资源部门可以通过绩效考核全面、系统地了解员工的工作表现，为人力资源规划提供有力的支持，可以根据绩效考核结果提供的信息，对企业的招聘、筛选、激励和培训流程进行有效评估。这也有助于及时发现企业人力资源管理制度中存在的问题，并为改进企业管理制度提供可靠的参考资料。

绩效考核可以帮助企业识别管理过程中存在的问题，使企业能够及时制定改进方案，从而提升绩效，提高人力资源的贡献价值；在人才聘用方面，绩效考核有助于企业作出正确的人才聘用决策，把合适的人安排到合适的工作岗位上，给予优秀员工奖励，以使他们继续留在公司工作。而对于管理人员来说，绩效管理是管理人员不断提升管理技能的有效反馈渠道。绩效考核可以不断激励员工积极完成部门计划和企业目标，提升部门和企业的运营效率。

## 第二节　绩效考核的内容与准则

绩效考核是企业管理员工的一种方式，具有一定的科学性和规范性，其利用合理的手段和特定的标准对企业成员完成岗位任务的情况进行考察、评价，从而决定其业绩。绩效考核可以综合评价员工的岗位适应情况、员工的工作能力。同时绩效考核结果也是企业开展人力资源管理工作的一个重要参考，绩效考核能够有效保证升职加薪、职业调动、专业技能开发、解雇等工作的公平性。另外，绩效考核也是对企业管理工作是否合理的一个侧面反映，如可以有效反映出企业人员分配、员工培训等工作是否存在问题。

绩效考核的内容依据员工在多方面情况下的行为而有所不同。一般来说，考核的内容取决于考核的目的，没有目的的考核是没有价值的。由于绩效考核的对象、目的和范围复杂多样，因此绩效考核的内容也比较复杂。我们可以对考核内容从几个方面进行划分。

## 一、取决于行为表现的绩效考核内容

以员工行为表现的基本方面作为考核内容进行划分，主要可以分为品行、能力、态度、业绩四个方面。

### （一）品行

古今中外，对品行的评价始终是人事考核中的重要内容。品行即德，是人的精神境界、道德品质和思想追求的综合体现，德决定一个人的行为方向，即为什么而做，行为方式决定采取何种手段达到目的。德的标准不是抽象的、一成不变的，不同时代、不同行业、不同层次对德都有不同的标准。

缺乏对雇员道德的评价，会给企业带来意外的损失。有些高级人事管理人员认为，在企业初创阶段，"重才不重德"只是一时之计；守业阶段，要靠"德"来巩固业绩，人才则必须德才兼备。

当今社会，有专家认为"德"至少包括义、信、勇、谋。具体来讲，"义"就是在取得成绩时保持平和的心态，不过分炫耀；"信"就是讲信用，答应过的事情一定尽全力办到;"勇"则指面对困难毫不畏惧,并且想办法克服困难,取得最后的成功;针对多变的环境,随机应变掌握主动,这就是"谋"。

其实,在平时的工作中,员工的行事作风,比如,能否与同事和平共事、能否与他人合作交流、遇事是否不抱怨、是否言行一致、是否乐于助人、是否端正工作态度、是否爱岗敬业、是否坚守商业机密不外泄、是否平等地对待每一个人、能否抵抗住各种不良诱惑,这都是品行的具体体现,都应当是员工品行考核的内容。

## (二)能力

能力是指人的能力素质,即认识世界和改造世界的能力。能力就是把工作做好的本领,概括地讲,包括逻辑思维能力、实践操作能力、创新能力、语言表达能力、领导指挥能力、决策能力和人际交往能力等。对于不同岗位,考核工作要有重点、有差别。

能力的高低可用单位时间内完成的任务量来表示。然而,有些人在企业里表现卓越,是因为他们所在的岗位工作相对轻松,较为简单。另一方面,有些人在企业中面临着极其困难、烦琐的任务,所以工作表现不突出。以此推断前者对企业所做的贡献更大,后者更小,并不公平。每个人的工作能力都有差异,分配到的工作任务、工作难度和复杂度也不相同,因此对企业的贡献也各不相同。

对于一个企业而言,不仅要重视企业当前的运行效率,还要关注企业未来的运行效率,通过提拔有才能的员工、充分发挥现有职位上成员的潜力,来实现这一目标。这意味着,对员工进行能力考核不仅可以客观评价其能力水平,还可以合理配置企业的人力资源。业绩考核和能力考核大不相同。业绩可量化、可观察,是员工的外在表现,而能力则属于员工的内在品质,难以量化、难以比较。这是客观现实,也是能力考核面临的挑战。

## （三）态度

工作态度可通过"勤"来反映，可以利用员工日常工作中一些量化指标如出勤率、缺勤率、全勤率等和一些非量化指标如积极性、主动性和努力程度来反映。在考核工作态度时，既要有对"量"的考核，如缺席率、出勤率等，也要有对"质"的考核，如工作热情是否饱满、工作专注度等。唯有如此，才能提高考核的质量。

通常情况下，业绩的好坏与能力的高低相关。然而，在企业中经常出现一种情况使我们无法将员工的业绩与员工的能力挂钩。例如，有人虽然能力很强，但缺乏努力工作的精神，业绩差；而另一个人虽然能力不突出，但一直勤勤恳恳，业绩突出。这两种截然不同的业绩结果主要取决于员工的工作态度，而不是他们的能力水平，不同的工作态度导致不同的结果。因而，员工的工作态度也是绩效考核的重要内容。

工作态度、工作能力和工作业绩这三者之间存在着一种必然的联系，工作态度是将工作能力转化成工作业绩的必要条件，但还要注意一个问题，员工工作态度良好，但是并不意味着他的工作能力能完全转化为工作业绩。将工作能力转化为工作业绩不仅取决于员工个人的努力，还受其他因素的影响。这些因素包括内部因素和外部因素，如工作任务分配的合理性、工作环境的舒适性；市场环境、产品销售渠道、原材料供应情况等。需要补充的一点是工作态度考核与工作能力水平之间并不存在任何关联，与职位高低也无关联，态度考核只看员工是否端正工作态度，是否完全投入工作、充满干劲，是否爱岗敬业、听从指挥。

## （四）业绩

业绩是指员工完成的工作数量、质量及对企业产生的经济效益等工作成果和效果。对处于不同岗位、承担不同职责的人，考核重点也不同。对

"绩"的考评是员工绩效考核的重点。不论何种企业，只有创造出经济效益才能持续发展，公共部门也必须注意业绩，员工也需要追求工作业绩。

对员工工作的成果和效果进行评估和测量，这就是业绩考核。工作行为产生的效果可能是成功的，也可能是失败的，取决于它是否能实现企业预设的目标。因此，通常将业绩视为有效的收获，称之为结果、效能或绩效。同样地，在实现目标时，业绩又是一种"贡献"或"价值"的体现，因此衡量员工的业绩，要看其为企业所作出的贡献和提供的价值，也就是贡献度和价值排名。

考核是一个常见的概念，其应用范围非常广，常用于评选先进个人、劳动模范、积极分子和干部。在大部分人的认知中，业绩是最为直接的、可观察到的工作成果，具有可比性，对业绩进行考核是相对公平公正的。

## 二、取决于岗位分析的绩效考核内容

根据对岗位内容的分析，结合企业管理的特点和实际运营情况，对考核内容加以分类，可以提高绩效考核的有效性和可行性。

（1）工作成绩。在考核期间，员工的关键工作表现通常被称为"工作成绩"，考评者会选择 1～3 项最具关键性的工作表现进行考核。任务布置者即为考评者，可以根据员工的岗位职责来考核关键工作，如在考核开发人员时，可以考核其完成的开发任务；在考核销售人员时，可以考核其销售业绩，这些需要在考评期内进行评估。考评"工作成绩"要有针对性，那些从事次要工作（如清洁工等）的工作人员，不会参与"工作成绩"相关的绩效考核。

（2）日常工作。"日常工作"的考核内容一般以岗位职责范围内的内容为准，由直接上级主管进行考核。如果岗位职责的内容过于繁杂，可以仅选取重要项目进行考核。它具有考核工作过程的性质。

（3）工作态度。"工作态度"的考核可选取能够对工作产生影响的个人态度，如对组织文化的认知与认同、工作热情、礼貌程度等，可由部门内部同事或被服务者作为考核者。对于不同岗位的考核有不同的侧重点，比如，"工作热情"是行政工作人员的一个重要指标，而"工作细致"更适合财务人员。

（4）工作能力。"工作能力"的考核可选取能够对工作产生影响的个人能力，如协作精神、工作技能、潜能等具体项目进行考核，也可由部门内部同事或被服务者作为考核者。

## 三、针对不同层次的绩效考核内容与形式

### （一）针对不同层次的绩效考核的内容

不同层次的绩效考核要求不一样，权重也不一样。高层强调造势和决策力，一线领导强调做事和执行力。

（1）高层管理者："做正确的事。"因此，主要对基于战略目标实施的KPI指标进行考核，同时也要考核管理状况。

（2）基层管理者："正确地做事。"因此，主要对基于 KPI 指标落实的工作目标完成情况进行考核。

（3）操作类和一线人员：这类人员的考核相对比较简单，因为大多数是可以计量的，因此主要基于绩效原则进行计量考核。

### （二）针对不同层次的绩效考核的形式

采用哪种考核形式主要取决于考核对象的职位特点、考核内容和考核目的。

（1）对于高层管理者的要求是"做正确的事"，考核内容主要是战略目标实施的 KPI 指标和管理状况，不仅强调"会做事"，更要关注"思路清晰"，述职考核形式恰好能够达到这样的目的。

（2）对于基层管理者的要求是"正确地做事"，考核内容主要是基于 KPI 指标落实的工作目标完成情况。同时，中层管理者承担着上传下达的职能，在高层管理者承担的基于战略的 KPI 目标和关键措施落实过程中，中层管理者至关重要。因此，对于中层管理者，不少企业也采用述职考核的方式，通过述职，一方面让高层确定中层在沿着预定的目标前进，同时，也便于高层管理者及时掌握环境变化信息，及时调整思路，采取针对性的应对措施。

（3）对于一线和操作类人员的考核相对比较简单，因为大多数是可以计量的，考核内容包括：工作计划的完成情况、工作职责的履行情况，以及工作执行过程中的规范性、主动性、责任性等关键行为。因此，考核形式更多采用的是考核表格的方式，上下级将考核内容列入考核表，最后依照预定的目标和要求进行评价。考核形式更多采用的是过程记录表。

## 四、选取考评内容的准则及其分析

### （一）选取考评内容的准则

考评内容若以岗位的工作职责为基础来确定，则需注意遵循如下准则。

1. 与组织文化和管理理念相一致的准则

考核的内容实质上就是对员工在工作中的表现、态度、业绩等方面所提出的要求。考核内容是企业管理思想和企业文化的具体体现，要对员工有正确的指引价值，企业支持什么、反对什么都要在考核内容中有所体现。

2. 绩效考核不考评无关内容准则

绩效考核主要围绕员工的工作内容展开，员工生活方面的一切事情都与考核无关。因此考核的内容不能涉及员工的风评及嗜好、生活作风、行事风格等，否则会对考核工作造成阻碍，必然会对考核结果产生不良影响。

### （二）关于绩效考核"侧重"准则的分析

考核的内容并不能覆盖每个岗位的全部工作内容，为了保证绩效考核的效率，减少考核的费用，同时让工作人员知道工作的要点，考核的内容不必面面俱到，只选择岗位工作的主要内容即可。事实上，一些主要工作内容已经占到了员工全部工作内容的80%。此外，遇到一些难以考核的内容，要慎重对待，对其在整个岗位工作中所起到的作用进行分析。绩效考核"侧重"准则具体的分析就是要突出三个准则。

1. 重视工作成果准则

如果只求目的而不问过程，管理者就会以工作成果来考评员工绩效。

2. 参考工作行为准则

工作行为不一定非得要与个人生产力有关，只要是能提高组织效能、促进协调或合作、有助于团队工作与组织绩效的工作行为，都可以列入绩效考核的考量中。

3. 考量个人特质准则

个人特质如态度良好、有自信、值得信赖、看起来很忙或经验丰富等，和员工是否能有好的工作成果并无太大关联，但也要用于员工的绩效考核。

# 第三节　绩效管理的含义与特征

随着经济全球化和信息技术的高速发展，面临日益激烈的市场竞争，为了提高自己的竞争能力和适应能力，越来越多的组织开始致力于探索提高组织绩效的有效途径。在这种背景下，有研究者于 20 世纪 70 年代后期提出了"绩效管理（Performance Management）"。

## 一、绩效管理思想发展

实践证明，尽管组织结构调整能够减少成本，却并不一定能改善绩效，只是提供了一个改善绩效的机会，而真正能促使组织绩效提高的是组织成员行为的改变。从绩效考核到绩效管理要关注以下四个原则：一是必须设定目标，而且目标必须为管理者和员工双方所认同；二是测量员工是否成功达到目标的尺度必须被清晰地表达出来；三是目标本身应该是灵活的，应该充分反映经济和工作场所环境的变化；四是员工不仅应该把管理者当作考核者，还应当作帮助他们达到成功的指导者。在绩效管理思想发展的过程中，出现了如下三种不同的观点。

### （一）绩效管理是管理组织绩效的系统

这种观点的核心在于确定企业战略并加以实施，员工并不是绩效管理的重心。该管理系统通常由计划、改进和考查三个环节组成。首要环节是明确企业愿景、战略目标以及绩效指标；接着通过业务流程再造和改进，以及全面质量管理等活动实现既定的目标；最后对结果进行全面衡量和评估。总体上看，该观点所构想的绩效管理系统更像是战略或事业计划，员工个体的因素由于其多变和复杂的特性并没有成为主要关注点。

### （二）绩效管理是管理员工绩效的系统

这种观点的中心是把绩效管理看成一种企业对员工业绩或发展潜能的评价、奖励和惩罚。该系统一般通过一个循环过程来实现，由绩效计划建立、明确目标到对于绩效的客观和主观的评估，再通过交互反馈的方式形成正确适用的行为，从而完善和改进原来的绩效计划。如此反复循环，使管理者和被管理者在行为目标和绩效期望上逐渐达成共识，相互促进，共担责任，进而提升员工的绩效水平和能力。

### （三）绩效管理是管理组织和员工绩效的综合系统

这种观点可以看作是以上两种观点的结合，核心在于对组织内各个层次的绩效都进行管理。因此，如何从组织战略的角度进行思考，逐渐将组织绩效提升转化为个体绩效的管理、控制和提升就成为这个综合系统的核心。

## 二、绩效管理的特征

从本质上看，绩效管理是观念与思维的结合体，应该将其贯彻到企业管理的每一个环节，体现到企业管理的方方面面。从人力资源管理的角度而言，绩效管理是指通过持续开放的监控和沟通过程来开发团队和个体的潜能，从而实现组织目标所预期的利益、产出的管理思想和具有战略意义的、整合的管理流程及方法。绩效管理的特征包括如下三点。

### （一）系统性

绩效管理是一种由管理者和员工共同参与的管理系统，在绩效管理系统中，管理者和员工通过交流的方式，明确企业的战略目标、企业员工的岗位职责、企业管理的方法和手段、员工的绩效目标等基本要素。管理者在持续交流的基础上，帮助员工解决工作中的难题，引导和协助员工高效完成工作任务，与员工一起完成企业战略目标，为企业的繁荣发展作出贡献。

### （二）目标性

将目标管理和绩效管理融合，二者相辅相成，可提升绩效管理的效果。目标管理的主要作用是帮助员工找到实现自我价值和工作目标的途径，帮助管理人员利用员工的工作目标来有效地管理和协助员工。这样做，不仅可以提高员工的工作效率和绩效表现，也可以为员工提供更好的职业发展和成长机会。同理，绩效管理侧重于制定明确的目标，因为只有明确地设定了绩效管理的目标，管理人员和员工才能知道自己需要朝着哪个方向努力，企业这个团体的凝聚力才会更强，双方才能共同实现绩效目标，进而推动企业的战略规划和长远目标的实现。

### （三）强调沟通

在绩效管理中，沟通是至关重要的。制定绩效目标、确保员工实现绩效目标、进行绩效考核、考核反馈等都需要有效的沟通。员工与管理人员之间的持续交流和沟通是绩效管理过程不可或缺的一部分，如果企业不进行沟通，绩效管理就只是形式上的东西，很多管理措施没能成功都是由于沟通问题导致的。因此，绩效管理要重视培养管理者的沟通意识和技巧，以提高企业管理者的管理水平。

## 三、现代企业绩效管理特点

21 世纪是经济全球化、信息化和高科技化的世纪，企业的经营环境发生了前所未有的变化，经营理念和方法正在进行着一场深刻的革命，与此相适应，绩效管理理论也正在进行一次重大的变革。在全球竞争加剧的情况下，许多企业都已经或即将开展战略经营管理计划，面对日益复杂的社会环境，传统企业管理的理论依据与方法体系已不适用，绩效管理方面表现出了一些新的特征。

### （一）绩效管理与企业战略相结合

传统企业绩效管理以成本管理和财务管理为主，存在经营行为片面化、短期化问题，已不能满足现代企业管理的要求。为了更好地解决绩效管理中存在的问题，更好地满足现代企业管理的要求，许多企业都将企业战略作为企业管理的出发点，并将战略实施贯穿于绩效管理的整个过程中。利用绩效管理系统的逐级分解功能，可将企业的战略目标分解为具体的、阶段性的、可执行的、易于员工理解的层级目标，让各级管理者明确实现战略目标的要素，让员工了解工作目标和工作方向。将绩效管理系统与企业战略目标系统有机地结合在一起，体现了以企业绩效管理为战略目标的理念。

### （二）财务指标与非财务指标相结合

财务指标是企业绩效管理体系的一个重要方面，但它无法涵盖企业绩效管理的全部内容。企业绩效管理只有从影响企业经营的关键要素入手建立指标体系，才能进行正确的管理，而财务指标偏重于内部因素对企业经营的影响，忽视了外部因素的影响。因此，企业绩效管理除了关注财务指标外，还应充分关注客户满意度、产品市场占有率、技术创新与产品创新等外部因素的影响。此外，对员工的满意度和技能的提升等也应予以考虑。因此，将企业财务指标和非财务指标有机结合，是企业绩效管理制度规范化、科学化的必然要求。

### （三）结果管理与过程管理相结合

以往企业的绩效管理往往只关注企业运营的成果或结果，并不关注企业运营的过程和企业运作的规律及员工的工作表现，这会给企业的发展造成不良后果，使管理者在发现问题、解决问题方面出现了一定的迟滞性。现代化的企业绩效管理将结果管理与过程管理置于同样重要的地位，要求企业管理者不但要关注企业运营的结果还要把握企业运营的过程。这就需要管理者既要对企业上一期的运营业绩进行全面的评价，也要关注公司目前的运营情况以及员工在实现目标过程中的行为表现，从而给予员工恰当的评价，以及时发现并改正问题，促进企业经营活动目标的实现。

### （四）近期目标与远期目标相结合

传统企业绩效管理过于强调近期目标，更加看重短期利益，甚至以破坏生态环境为代价，采用杀鸡取卵的方式追求一定时期内的利润最大化，不利于企业的长期稳定发展。现代企业绩效管理更加注重远期目标的实现，更加注重自然环境的保护，强调履行社会责任，关注员工成长和进步。其认为企业要获得生存和发展，必须不断增强学习和创新能力，增加产品研发资金投入，培养和巩固自身竞争优势，才能不断开拓新的市场领域，从而进入良性循环，保证企业可持续发展和长远利益。

# 第四节　绩效管理的目的与作用

## 一、绩效管理的目的

绩效管理的目的是设计绩效管理系统的出发点和基础，是检验一个组织绩效管理系统设计和实施有效性的纲领。归纳起来，绩效管理的目的主要包括战略目的、管理目的和开发目的，只有三个目的同时实现，才能保证组织绩效管理活动的科学性和有效性。

### （一）战略目的

绩效管理的最终目标就是保证企业的所有子系统相互协调、配合以获得企业希望的结果，也就是实现企业的战略规划和远景目标。运用绩效管理实现战略目标时，应首先明晰组织的战略，通过战略目标的承接与分解，将组织的战略目标逐层落实到部门和员工个人，并在此基础上制定相应的绩效评价指标体系，设计相应的评价和反馈系统，通过绩效评价指标体系，鼓励并驱动企业发展所需要的工作行为，使员工的努力与组织战略保持高度一致，保证企业各种目标的圆满实现。

### （二）管理目的

管理的目的主要体现在：一方面，绩效管理有明确的目标、详尽的计划，它的实施可以规范管理者的行为，保证员工个体行为与团队组织整体目标相适应，减少工作中的随意性和盲目性，使管理科学化和规范化。另一方面，企业在薪资管理、晋升、岗位调整、保留—解雇、对个人绩效的认定等多项人事决策中都要使用绩效管理信息，需通过设计科学、规范的绩效管理系统保障绩效考核结果的公平性和有效性，从而不断地提高员工的工作绩效和组织管理水平，确保绩效目标的达成。

### （三）开发目的

绩效管理开发的目的主要是指管理者通过绩效管理过程发现员工存在的不足，以便对其进行有针对性的培训，使其能够更加有效地完成工作。实践中，绩效管理系统并不仅是要指出员工绩效不佳的方面，同时还要找出绩效不佳的原因所在，如存在技能缺陷、动机问题或者是某些障碍阻碍了员工提高绩效等，然后寻求改善的途径。

## 二、绩效管理的作用

### （一）有效地弥补绩效考核的不足

传统的绩效考核往往带有主观性；各个管理者的评价也没有可比性；在考核期间，工作表现优秀却没有得到及时的表扬，导致员工感到沮丧，是传统绩效考核存在的一个较为明显的缺点。现代绩效管理是企业绩效不断增长的保证；有助于营造以绩效为主导的企业文化氛围；能够激发员工的积极性，使其充满激情地努力工作，能够提升员工的工作满意度，加强集体的凝聚力，提高全体员工的绩效。持续的交流与沟通，使管理者和员工建立一种开放的、友好的关系，让员工有机会表达他们对工作的渴望和期待。

### （二）有效地促进质量管理

企业的绩效管理既涉及数量管理也涉及质量管理，目前，质量已逐渐成为衡量企业绩效的一个重要指标，而质量管理也逐渐受到企业的重视。在绩效管理的过程中要加强质量管理（TQM）。通过绩效管理，管理者可以掌握全面质量管理的技巧和手段，从而把质量管理视为企业管理的一部分。实际上，有效的绩效管理过程体现了企业的质量管理，有助于实现或超越顾客的预期，把员工全部的精力都投入在产品的质量上。

### （三）有助于适应组织结构调整和变化

多数结构调整是对社会经济状况的一种反映，其表现形式多种多样，如减少管理层次、减少规模、适应性、团队工作、高绩效工作系统、战略性业务组织、授权等。在调整组织结构之后，要改变管理模式和观念，如为了使员工高效地响应客户的需求，可以给员工更多的自主权；为了提高员工的工作满意度和员工的工作热情，可以给员工参与管理的权力；通过提供更多的支持和指导，帮助员工不断提高他们的技能和能力。实现这一切的必要条件是建立一个良好的绩效管理系统。

### （四）有效地避免管理人员与员工之间的冲突

当员工意识到绩效管理的作用是帮助他们进步而非监督和压迫他们时，他们就会更能接受绩效管理，更积极地投入工作。绩效管理的最终目的不是评价员工的绩效高低，而是评价员工的工作表现、取得的成就和进步。绩效管理不仅包括管理者对员工的考核，也包括员工的自我评价，以及管理者与员工在绩效方面的交流。而管理人员与员工之间发生冲突的主要原因在于管理者没有及时对问题进行有效的处理。所以，越早地找到问题，对问题的解决也就越有利。管理者的作用就是通过观察发现问题，根据问题帮助员工完善和改进，一起解决问题，正确看待绩效管理可减少双方之间的冲突。

### （五）有效地节约管理时间成本

通过绩效管理，员工能够清楚地了解自己的工作任务和目的，了解管理层对自己的期望。给予员工所需的信息，使其能够作出正确的决定，减少由于责任不明确而造成的误会，并协助员工找出出错率高和工作效率低的原因，进而提高员工的工作效率和正确率，从而减轻员工的工作压力，管理者不需要参与到所有工作的具体细节管理之中，从而有效降低时间成本。

### （六）有效地促进员工的发展

通过绩效管理，员工明确了自己的工作价值，也明白了自己达到某个绩效等级后将会获得怎样的回报。因此会不断学习，努力工作，如通过学习新技能，掌握行业前沿动态，来提高自己的工作能力，进而使自己达到预期的绩效等级，同时也让自身的能力提高。因此，我们可以把绩效管理看作是一种人力资本投入，以推动员工的发展。

## 第五节　绩效考核与管理的关系

绩效考核是绩效管理过程中最能体现管理效果的一个重要环节。绩效管理是人力资源管理的核心之一，成功实施绩效管理，不但能帮助组织提高管理效率，帮助管理者提高管理水平，提升人力资源管理者的价值，实现人力资源管理者的角色转换，而且更能提升人力资源管理部门的地位，从管理金字塔的执行者地位向金字塔的顶峰——决策者地位转化。

## 一、绩效考核与绩效管理的主要区别

所谓绩效管理，是指含有计划、组织、指挥、协调和控制的一个完整的管理过程；侧重于信息的传播和效率、绩效的提高；从时间上来看，必须经历管理活动的全部过程；从管理计划的制定开始就进行事先的沟通。

所谓绩效考核，是指绩效管理过程中的一个重要阶段和评价环节；侧重于考核、评估和鉴定；从时间上来看，限定在指定的某一时期；是在约定时期内对所完成工作的绩效考核。

可以说，绩效管理是人力资源管理者的二次创业，是人力资源管理者发起的一场战斗和管理革命。良好的绩效管理有利于组织目标和个人目标的联系与整合，以获得更高的组织效率。绩效管理与传统的绩效考核相比，其区别主要体现在以下四个方面。

### （一）两个过程的人性观不同

传统的绩效考核将人视为实现企业目标的工具，其基本的人性假定是"性恶论"，它主张对员工进行持续的考核，以避免员工对工作产生懈怠情绪。而绩效管理的人性观则是一种现代意义上的人本主义的人性理念，即认为每一个人都具有自我实现和自我提高的需求，只有在充分的信赖和鼓励下，才能激发员工主动实现自我价值、完成企业目标的热情和创造力。

### （二）两个过程的侧重点不同

绩效考核主要侧重于监督考核过程和评判考核结果，考核过程往往是管理者对员工的单向考核。现代绩效管理强调管理者与员工之间的互相沟通和反馈，提倡双方积极交流互动，以达到最佳绩效结果。管理人员需要定期与员工沟通，了解他们工作的情况，这有助于他们及时发现和解决实施过程中的问题，并收集反馈信息。此外，为了提高工作效率，员工也需持续关注绩效信息。

### （三）两个过程的参与方式不同

在传统的绩效考核中，员工认为考核是人力资源管理部门的职责，自己的参与仅限于接受考核。他们对绩效目标的设定、管理人员的期望并没有清晰的了解，更不清楚绩效考核的内容是什么。在现代绩效管理中，员工发挥了积极的作用，如参与指标的制定、与管理层沟通绩效并提供反馈等，这对员工的长期发展和近期工作表现的提升都有很大的帮助。

### （四）两个过程的主要目的不同

绩效考核的目的是通过考核得到一个关于员工工作情况和工作效果的结论，主要用于对员工薪资上的奖励与惩罚。在现代绩效管理中考核的主要目的不是奖励与惩罚，而是完善员工的绩效改进计划。

## 二、绩效考核与绩效管理存在的关系

绩效考核与绩效管理是具有紧密联系的两个概念。绩效管理概念的提出源自绩效考核的片面性和孤立性，是从一种孤立的手段发展为系统的管理过程。但是，绩效考核始终是绩效管理过程中一个十分重要的环节，也是代表着绩效管理水平的核心技术。当然，绩效考核的成功与否不仅取决于评估本身，在很大程度上还依赖于与评估相关的整个绩效管理过程。因此，二者是相互依存、相辅相成的关系。

与绩效管理相比，绩效考核似乎更实际，更受企业欢迎，很多企业在进行绩效考核的时候，往往不是从绩效计划开始，而是从考核打分开始，用考核打分代替绩效管理，而且很多企业深陷其中，不能自拔，只要谈到绩效，就以为是考核，更有甚者认为，没有考核就没有管理，把考核置于至高无上的地位。这种片面认识，使得企业在绩效管理上停滞不前，一直不能把绩效考核提升到绩效管理的高度，使得企业的管理水平在低层次徘徊。以下各点是在实践过程中总结出来的一些规律。

绩效管理是一个完整的系统，绩效考核只是这个系统中的一部分；绩效管理是一个过程，注重过程管理，而绩效考核是一个阶段性的总结；绩效管理是一种前瞻性的管理方式，它可以让企业和管理者看到更多的问题，对企业和员工的未来发展进行有效的规划，而绩效考核是一种总结前一段时间工作成果的方法，不具有预见性；绩效管理包括完整的计划、监督和控制方法，而绩效考核只是绩效管理的一种方法；绩效管理侧重于能力，而绩效考核侧重于结果。

综合而言，二者的联系是，在绩效管理中，绩效考核是必不可少的一环，绩效考核的结果是改进企业绩效管理效果的重要参考依据，能不断提高企业的绩效管理水平，提高员工的工作能力，使企业获得持续发展。

# 第三章
# 绩效考核管理工具分析

了解了整个考核的过程，就可以进行实际的考核操作，但如果没有合适的管理工具，或者选错了管理工具，就会直接影响考核的效果。绩效管理经过这几年的发展，已经有了不少考核工具，从实践中来看，量表法、比较法、描述法是比较常见的三类考核工具。本章内容为绩效考核管理工具分析，依次介绍了绩效考核发展分析、量表法及其应用、比较法及其应用、描述法及其应用四个方面的内容。

## 第一节　绩效考核发展分析

### 一、绩效考核的发展沿革

#### （一）传统的绩效考核

绩效考核历史悠久，现今人们普遍认为它主要起源于英国的文官（公务员）制度。在英国刚开始实行文官制度的时候，由于制度未发展完善，文官主要依靠其资历晋级加薪，随着时间推移，其当官的资历增加，官职与薪资也就随之而提升。这种晋升制度并不与其工作情况相关联，因此，有相当一部分文官只是熬资历，其本身的工作任务完成得并不好。这就使得当时的文官队伍之中员工冗余和工作效率较低。随着时间的推移，越来越多的人意识到了这项制度的局限性，它也越来越不能适应社会的发展，到了 1854—1870 年，这项制度得到了完善，针对文官的才能和表现等进行考核的制度逐渐出现了。根据对文官考核结果的优劣分析，确定其升降和奖惩，保证了考核的公正性与公平性。相比之前依靠资历升级的制度，这项制度肃清了政府的工作风气，调动了各官员的积极性，使得其工作更加认真，取得了不小的成效。之后，其他国家也从英国的这项考核制度中吸取了经验，纷纷加以效仿，将工作实绩作为考核的最重要内容，这种制度得到了广泛采用。一些企业也注意到了这种制度的有效作用，开始将这种考核制度应用于企业工作人员的奖惩、升降等各个方面。

### （二）现代绩效考核

最初，人们并没有认识到人事部门及绩效考核的重要作用，当时的人事部门只是一种消费部门，并不受重视，其预算也不多，主要用来记录员工的行为表现结果，人事管理也只是记录式的、滞后的、静止的事务性管理，绩效考核也只是一种例行公事。

随着知识经济时代的到来，企业要想在激烈的市场竞争中立于不败之地，必须重视人才，而人才的培养又有赖于科学、合理的绩效考核体系。人们逐渐开始认识到人事部门以及绩效考核的重要性，人力资源逐渐成为企业的第一资源，绩效考核成为整个人力资源管理活动中最为重要的组成部分之一。在人力资源管理的各个环节中，如员工薪资确定、职位晋升、岗位调整、员工培训等，都与员工绩效考核密切相关。绩效考核不仅是其实行的基础，也是其决策的依据。在人力资源管理实践中，只有科学的绩效考核体系才能确保组织目标实现，才能更好地发挥每个人的潜能，促使企业不断向前发展。

现代社会中，人力资源管理理论得到了极大的发展，在实际工作中，绩效考核的作用也越来越重要，已经成为一种普遍而有效的管理手段。绩效考核并不单纯只是为了得到一个考核结果，它已经成为一个学习、改进和控制过程，对员工的绩效考核结果进行分析，可以更好地督促员工不断提升业务能力，不断发展自身，从而实现企业目标，促进企业发展。企业不仅需要建立科学有效的绩效考核制度体系，还必须有一套完善的绩效考核程序及方法来指导实践。现代绩效考核是一个系统过程，包含以下几方面。

（1）绩效计划和标准的制定。首先部门领导需要与员工就绩效考核的标准与计划相互沟通交流，达成一致，这是整个绩效考核体系得以实行的基石。在这个过程中，双方就绩效考核的工作内容、衡量标准、职责权限、遇到的困难、解决方法等一一进行商讨，领导要充分考虑员工的需求，切不可敷衍了事，在这个基础上，最终就其双方意见达成共识。绩效标准是定量与定性的结合，不可过于简单或过于容易达到，而应该是在参考双方意见的基础上形成的具体的、能够达到的、可以操作的、可以衡量的标准，促使员工不断积极进取，追求卓越。绩效计划是双方在明晰责、权、利的基础上所作出的计划，它能够协助员工从自身角度出发，理解企业的运营目标，确定适合他们自己的职业路径。

（2）绩效的沟通。在整个绩效考核体系中，这是核心部分。绩效考核计划以及标准制定成功之后，就要投入实施，但是这并不意味着绩效考核计划与标准已经无可挑剔。在绩效考核实施时，领导与员工双方都要持续追踪其全程，随时进行沟通交流，就实施过程中出现的某些情况展开分析，以对其中出现的某些问题加以解决和改进，确保其实效性不断提高。

（3）绩效的考评。通过一定周期的绩效考核之后，就需要根据绩效考核标准对员工的工作情况展开评价。针对员工进行绩效考评的时候，为了避免主观性作祟，要尽可能多角度、全方位地展开，尽可能采用行为性描述和量化指标，采用多种评价主体，因此要对考核者和被考核者进行培训，让被考核者自身与其同事、领导、下级、服务顾客以及相联系的业务部门等都参与其中。由于从之前的绩效考核标准与计划的制定，到绩效的沟通，企业领导与员工双方进行了充分的沟通与交流，在对其工作进行考核评定的时候，员工通常也会保持比较积极配合的态度，双方齐心协力共同推动绩效考核的开展。

（4）绩效的反馈与辅导。绩效考评的结果出来之后，领导要将其反馈给被考核者，使其能够对自己的工作情况有一个大致了解。考核反馈的方式有很多，比如书面通知、电子邮件通知、面谈等，这几种方式之中，最好的方式是面谈。企业领导要选择一个合适的场所、合适的时间，与其面谈。在双方互相交流的时候，领导要尽可能营造一个比较融洽的气氛，在这样的环境中，员工会更自在，更加愿意畅所欲言。领导要仔细倾听，不要打断员工的话语，要掌握良好的谈话技巧，要多问少讲，不要长篇大论，而是引导其不断思考，说出自己的想法。领导要掌握良好的反馈技巧，要尽量使用描述性的语言进行反馈，实事求是，明确指出员工的错误；批评员工的时候也要注意说话的技巧，可以使用"三明治"式的批评方法，即先表扬、后批评、再表扬；语气要尽可能委婉，不要过于直接，以免伤害其自尊心，要注重与其思想的交流。绩效的辅导，就是指领导和员工要齐心协力共同找出绩效不达标的原因，并对其问题加以解决。

（5）绩效的提升与再计划。这既标志着前一轮绩效考核的结束，同时也是下一轮绩效考核的开始，推动组织绩效不断优化和进步。通过绩效考核的执行与反馈，领导与员工都能够发现其中存在的一些问题，针对这些问题展开研究分析，可以对接下来的绩效考核计划进行改进，并将之应用于实践之中，以不断提升绩效考核的实效性。

（6）绩效考核结果的运用。绩效考核结果可以应用于各个方面，如员工的薪资调整、岗位调整、人力资源规划、员工培训等。绩效考核结果能够激发员工的积极性，增强其自信心，引导员工行为向有利于组织目标实现的方面转变，从而达到提高企业整体效率的目的，同时也督促其向着更好的方向不断前行。企业与员工都要学会合理应用绩效考核结果，深入理解绩效考核的真正含义，重视组织与员工、领导与下属之间的沟通与合作，增加人力资源管理工作的说服力，进一步提高员工以及整个组织的绩效表现。

### （三）绩效考核的发展趋势

随着社会的不断发展，绩效考核也在不断发展，到如今，其考核理念、考核技术方法等都实现了不小的跨越式发展，越来越与现代管理理念相近。

第一，"双向沟通"取代"主管中心"。在传统绩效考核方法之中，主管占据中心地位，就绩效考核方面来说，主管与员工之间缺乏交流，主管只是按照企业以及上司的要求对员工的工作表现进行绩效考核，而员工并不知晓考核规范，也不知晓上司对自身的要求，双方信息严重不对等。简而言之，传统绩效考核方式是一种以主管为中心的单项考核。而如今的绩效考核方式主要是以"双向沟通"的形式来进行的，在开始制定绩效目标时便让员工参与其中，同时还让员工进行自我考核、自我陈述，这充分体现了"双向沟通"的特点。

第二，"能力开发"取代"计分考核"。之前那种传统的计分考核是通过对员工的工作情况进行计分，然后根据分数的多少来考察其绩效的形式。而现在随着社会的发展，之前那种传统的计分考核形式已经不适应现今社会，考核已经不仅是对员工绩效进行"计分考核"的手段，更是对员工"能力开发"的重要手段。如今"业绩考核"与"智能开发考核"双管齐下的制度被更多的企业所使用，来对员工进行考核与能力开发。企业将"绩效改进制度"和"面谈指导制度"引入"职能开发计划表"，能够更好地对员工的能力进行开发，更好地进行人力资源开发。

第三，"多面考核"取代"纵向考核"。在企业中，"纵向考核"就是指上下级之间的考核评价方式，上下级之间相对来说关系比较密切，彼此也更了解对方，正是因为如此，这种考核方式更容易受到主观感情的影响。因此，未来"多面考核"将会成为一种趋势，它摆脱了上下级之间的桎梏与限制，是一种跨部门的考核方式，更加客观全面，将被越来越多的企业所采用。

第四，"工作绩效标准"取代"综合抽象标准"。传统的绩效考核标准属于"综合抽象标准"，所谓抽象，是指从众多事物中抽取共同的、木质性的特征，根据"综合抽象标准"所获得的考核结果是抽象性的、总结性的，往往以"人"为中心。在未来，对于企业来说，工作分析变得越来越重要，绩效考核的"工作绩效标准"将逐渐取代"综合抽象标准"，设定具体的基本目标和工作事项的标准，以工作表现和绩效为中心的具体评定标准成为一种发展趋势，

总而言之，对于一个企业来说，要想管理好企业，就需要对员工进行科学的薪酬管理，准确地对员工进行激励，建立一个科学的绩效考核体系是一项十分重要的措施。

## 二、国外企业绩效考核发展状况

由于企业经营环境、内部组织结构的变化及管理方法和手段的不断创新，企业绩效考核的方法体系也处于不断的演变之中。

### （一）早期的绩效考核方法——成本业绩评价

在早期，企业绩效考核以成本业绩评价为核心。19 世纪初，为了更好

地对企业内部经营效率进行激励与评价，企业内部的业绩计量指标先后建立，这一时期，成本是评价企业基本经营活动的主要业绩指标。到了 19 世纪末，企业的成本控制开始出现问题，此时的成本业绩评价制度难以实现对企业的成本控制，必须寻求一种新的方式。20 世纪初，泰勒提出了科学管理理论，它在企业之中得到了广泛的推行，基于此，产品的成本指标开始建立，成为泰勒科学管理的一部分，在企业中得到了广泛运用，并且随着成本会计、差异分析的运用，成本指标也变得更加完善。

### （二）按传统的绩效考核方法——财务业绩评价

大约在 19 世纪 40 年代，企业的业绩评价发生了变化，不再以企业的成本业绩作为企业绩效考核的主要指标，而是逐渐扩大到了企业的外部主体，企业的成本指标也扩大到了会计报表所能提供的偿债能力指标和利润指标，这主要是因为企业的经营权和所有权分离，是为了满足投资人和债权人了解企业经营成果和财务状况的需要。

### （三）当代的绩效考核方法——EVA 和 BSC

到了 20 世纪 90 年代，企业的绩效考核方法发生了重大变革，现代企业的绩效考核出现了以价值为标准的方法，出现了融入非财务指标的考核方法，比如 EVA 管理系统和 BSC 战略管理系统等。

## 三、国内企业绩效考核的四个阶段

自中国改革开放后，考核的主体有民营企业、外资企业、国有企业、政府机关事业单位等。其中，外资企业通常采用其总部的全球统一考核系统，而大部分民营企业发展时间不一，规模参差不齐，侧重于业绩与效益，缺少明确的发展脉络。因此两者都不能很好地说明中国企业绩效考核的发展，这里我们主要简述一下国有企业的绩效考核发展阶段。

第一阶段：改革开放以前，在计划经济体制下，强调以产量产值为主的考核方法。企业需要根据国家下达的统一计划进行物资调配、产销、资金运作。此阶段国有企业普遍效率偏低，关注总产量的提高，忽视长远效益。

第二阶段：1978 至 1992 年。国家先后提出"企业的 16 项主要经济效益指标"及"工业企业的经济效益指标"，强调企业不能片面追求产值，需要重视经济效益，国家经济工作的重点是优化结构。十一届三中全会以后，国有企业自主经营权开始扩大，部分企业尝试了承包制和利润包干制。国有企业的绩效考核重点开始从总产量转向总效益，但计划经济的烙印依然存在。

第三阶段：1993 至 1999 年，现代企业利润导向期，经济体制从计划经济加速向市场经济转变，《企业财务通则》《企业经济效益评价指标体系（试行）》的提出初步确立了以投入产出分析方式为主的绩效考核体系。这个阶段，伴随着现代企业制度的形成，国有企业的绩效考核指标和体系逐步走向科学化和现代化。但指标体系的几次调整后仍然以财务评价维度为主。

第四阶段：1999 年至今，《国有资本金效绩评价规则》《国有资本金效绩评价操作细则》的颁布，标志着国有企业的考核体系进一步向科学化、规范化迈进，考核指标也从单一指标转向多维度评价体系。在财政部和其他相关部门颁布的新绩效考核指标下，初步形成了财务指标和非财务指标相结合的绩效考核体系。此时，经济体制改革也不断深化，不少企业开始了国有企业的股份制改革，注重经营权和所有权分离，这是国有企业走向市场，逐步成为市场经济发展主体的重要象征。国有企业的绩效考核的发展历程经历了从计划经济时代到市场经济时代的转变，企业也经历了自主经营权的改革，由此，绩效评价方法从产量到利润，再到投资回报率，最后到综合绩效评价方法。从中我们可以了解到：企业绩效评价方法与经济环境。企业所有制制度是密切相关的。经济环境是基础，企业的管理方式必须与之相适应；企业管理方式向现代企业制度的发展又决定着评价方法的不断优化。

总之，我国企业绩效考核发展经历了计划经济时期以"实物产量"为核心的评价方法，到改革开放初期以利润总量为核心的评价方法，进一步到现代企业制度建设时期以投资报酬率为核心的评价方法，最后到我国企业绩效评价制度正式确立时期的综合绩效评价方法。

# 第二节　量表法及其应用

量表法是采用标准化的量表来对员工进行考核，根据考核标准的不同，量表法又可以分为特征导向的量表法、行为导向的量表法、结果导向的量表法三类。特征导向的量表法包括评级量表法、等级择一法等方法；行为导向的量表法包括普洛夫斯特法、行为锚定评价法、行为观察量表法等方法；结果导向的量表法包括混合标准量表法等方法，其中，评级量表法和行为观察量表法分别是对绩效要素达标等级和行为发生频率的测量，比较基础且延展性最广。

## 一、基于特征导向的评级量表法及其应用

评级量表法是绝大多数企业常用的一种绩效考核方法。评级量表法是将被考核者的绩效分成若干个项目，每个项目后设置一个量表，由考核者作出考核。评级量表法之所以在绩效考核中受欢迎，是因为这种方法对于考核者而言极易完成，而且费时少，有效性高。常见的评级量表如表 3-2-1 所示。

表 3-2-1　评级量表

| 考核项目 | 考核要素 | 要素说明 | 评定 | | | | |
|---|---|---|---|---|---|---|---|
| 业务能力 | 理解能力 | 是否能充分理解上级要求和公司目标，完成本职工作任务，不需要上级重复指示和指导 | A | B | C | D | E |
| | | | 10 | 8 | 6 | 4 | 2 |
| | 沟通能力 | 是否能正确领会公司的发展战略，与下属的沟通频率如何，受到多少下属的拥护，部门目标和工作计划的可实现性程度如何 | A | B | C | D | E |
| | | | 10 | 8 | 6 | 4 | 2 |
| | 组织能力 | 是否能独立分配资源去配合多个同事进行复杂项目，有效委派工作，如期完成目标 | A | B | C | D | E |
| | | | 10 | 8 | 6 | 4 | 2 |
| | 判断能力 | 是否能充分理解上级的意图，正确把握现状，随机应变，恰当处理 | A | B | C | D | E |
| | | | 10 | 8 | 6 | 4 | 2 |

　　评级量表法还有一个特点，就是能够将员工绩效的每一个要素都反映出来，从总考核成绩中，可以看出员工绩效增长与否、员工能力提升与否。每个企业可以根据自己所在行业的特点，制作出一些量表作为对员工评价的依据。量表可以复杂，也可以简单，只要能真实测量出员工绩效考核结果即可。评级量表法可以满足很多考核目标，所得出来的绩效结果，可以作为对被考核者调薪、调岗的依据。

　　当然，评级量表法也存在一定的缺陷，即在使用这种方法进行考核时，那些过于中庸或者过于不严谨的考核者，会将每个人的项目都评为高分或平均分。多数评级量表并不是针对某一特殊岗位，而是适用于企业的所有部门和所有岗位。同时，评级量表法也容易受考核者主观想法和偏见的制约，使得被考核者获得的评价失真。

## 二、基于行为导向的量表法及其应用

### （一）行为锚定评价法

　　行为锚定评价法（Behaviorally Anchored Rating Method，BARS）是由美国学者史密斯（Smith）和肯德尔（Kendall）在美国"全国护士联合会"

的资助下于 1963 年研究提出的一种考核方法。这种方法利用特定行为锚定量表上不同点的图形进行测评，在传统的评级量表法的基础上演变而来，是评级量表法与关键事件法的结合。在这种评价方法中，每一水平的绩效均用某一标准行为来界定。

行为锚定评价法是量表法与关键事件评价法结合的产物，与一般量表法最大的区别在于它使用特殊的行为锚定。使用行为锚定评价法相比使用其他的绩效考核方法需要花费更多的时间，设计也比较麻烦，适用的工作类型也有限（仅适用于不太复杂的工作），但是这种方法具有一些十分明显的优点。首先，评价指标之间的独立性较高。在设计过程中，设计人员将众多的关键事件归纳为 5～8 种绩效指标，使得各绩效指标之间的相对独立性较强。例如，对于用关键事件加以界定的"服务态度"和"工作积极性"，人们不太容易将这两种指标混同起来。其次，评价尺度更加精确。不论是从设计的过程，还是所使用的尺度类型来说，行为锚定评价法中使用的尺度相对于其他评价方法更为精确。另外，其评价尺度的确定以工作分析为基础，依据的是员工的客观行为，有利于更加清楚地理解各个评价等级的含义，避免发生各类评价误差。最后，具有良好的反馈功能。这种方法能够将企业战略和它所期望的行为有效地结合起来，能够向员工提供指导和信息反馈，指出行为缺点，有助于实现绩效考核的行为导向目的。

行为锚定评价法是一种行为导向型的评价方法，所使用的评价尺度是行为导向的，因而要求评价者对正在执行任务的员工进行评价而不是针对预期的工作目标进行评价，这在实际操作中往往会造成一定的困扰。

### （二）行为观察量表法

行为观察量表法是对各项评估指标给出一系列有关的有效行为，将观察到的员工的每一项工作行为同评价标准进行比较并评分的方法。考评者通过指出员工表现各种行为的频率来考核其工作绩效，比如，从不（1分）、偶尔（2 分）、有时（3 分）、经常（4 分）、总是（5 分），将员工在每一种行为上的得分相加，得到各个考核项目上的得分，最后根据各个项目的权重得出员工的总得分。这种方法的优点是有一个比较有效的行为标准；缺点是观察到的工作行为可能带有一定的主观性。

开发行为观察量表，主要有以下 7 个步骤。

第一，利用关键事件技术找出关键行为，将内容相似或者一致的关键事件归为一组，形成一个行为项目，再由考核者或分析人员将相似的行为项目归并成一组，从而形成行为观察量表中的一个评价标准。

第二，保证评定量表的内部一致性。将工作分析得到的关键事件随机排序并拿给第二个或者第二组人，由其同样按照上述做法将关键事件进行重新归类。把归类一致性达 80% 的考核标准保留下来。如何计算归类的内部一致性呢？如果第一组人将 1、2、3、4、5 这 5 个关键事件归到一个考核标准下，而第二组人将 1、2、4、5 归入到同一指标之下，则归类的内部一致性为 $4 \div 5 \times 100\% = 80\%$，该考核指标可以保留下来。

第三，检查行为观察量表内各考评标准之间的相关性。由十分熟悉被考评者工作内容的人员对此表进行系统评价，以判断此表是否包括了主要行为项目的代表性样本。记录随着被分类的关键事件的增加而增加的行为指标的数目，如果 75% 的关键事件分类后，90% 的行为指标已经出现，则可以进行下一步。

第四，将每个行为指标划分为五级李克特（Likert）量表。以管理人员"向下属说明改革的细节"这一关键事件为例，如果在 0~64% 的情况下会做，则得分为 1；在 65%~74% 的情况下会做，得分为 2；在 75%~84% 的情况下会做，得分为 3；在 85%~94% 的情况下会做，得分为 4；在 95%~100% 的情况下会做，得分为 5。

第五，根据行为观察量表，结合考核实际情况，删除不具有鉴别度的行为指标。

第六，进行因子分析，形成相关考评标准。如果被考评的人数是行为项目的 3~5 倍，就可通过因子分析方法，根据行为项目的相关程度将行为项目分组，形成不同的考评标准，也就是通过统计学方法得到绩效考评的标准（即构建量表的结构效度）。

第七，为考核指标赋予适当的权重。行为观察量表是基于李克特量表发展起来的，可以给予每个考评指标相同的权重，也可以根据实际需要赋予不同的指标不同的权重。

以上 7 个步骤是开发行为观察量表的基本步骤。在实际操作中，应该不断改进和完善各个行为项目、考核指标以及指标权重等，使之更加准确。

## 三、基于结果导向的混合标准量表法及其应用

混合标准量表法的特征在于所有的评价指标的各级标度混在一起随机排列，而不是按照评价指标的一定顺序进行排列，因而对每一个行为锚定物都作出"高于""等于"或者"低于"的评价，而不是在一个指标中选出某个水平作为最终的评价。

混合标准量表法的基本操作程序为：先分解出若干考核维度，每一维度分为好、中、差 3 个等级，各拟定出一条典型表现的陈述句，然后将它们打乱顺序进行排列，使考评者不易觉察各陈述句是考评哪一维度或表示哪一等级，减少主观成分的渗入。考评者只需将被考核者的实际表现与这些绩效标准陈述句逐条对照评判，被考核者表现与陈述句描述相符的，在此句后面画一个"0"，优于陈述句所述的画一个"+"，不如所述的画一个"－"。最后根据所给的符号，较准确地判断该员工在各维度上的分数。

可以说，打乱次序是混合标准量表法的最大特色，也是检验考评者是否有效、认真、可靠地进行评估的重要手段，当然对于提高考评的效度与信度也起着重要作用。

# 第三节　比较法及其应用

比较法是一种相对评价方法，通过员工之间的相互比较得出考核结果。这类方法比较简单而且容易操作，但是对绩效考核最终目的的实现帮助不大，因为这类方法不是对员工的具体业绩和行为进行考核，而是靠一种整体的印象来得出评价结果。

## 一、个体排序法

个体排序法也叫排队法，就是把员工按从好到坏的顺序排列，如对某公司财务部的员工进行考核。首先，把财务部员工的名单罗列出来，总共10个人。其次，从罗列出来的名单中找出最差的员工 A，在他的姓名旁边写上"10"。再次，剩余的 9 个人的名单中找出最好的员工 F，在姓名旁边写上"1"。最后，从剩余 8 个人的名单中找出最好的员工 G，记上"9"。这样不断反复，直到全部姓名都打上数字，这时员工的绩效优劣顺序就排出来了，具体如表 3-3-1 所示。

表 3-3-1　个体排序法表单

| 姓名 | 序号 | 姓名 | 序号 |
|------|------|------|------|
| A | 10 | F | 1 |
| B | 7 | G | 9 |
| C | 4 | H | 3 |
| D | 8 | I | 5 |
| E | 6 | J | 2 |

## 二、配对比较法

配对比较法（paired comparison method，PCM）本质上也是排序法的一种。这种方法需要将每个被考评者的绩效同小组或部门中的所有其他被考评者分别做比较，获得有利的对比结果最多的被考评者被排列在最高位置，以此类推。每一次比较时，给表现好的员工记"＋"，另一个员工就记"－"。所有员工都比较完后，计算每个人"＋"的个数，依此对员工作出评价——谁的"＋"的个数多，谁的名次就排在前面（见表 3-3-2）。

表 3-3-2　工作数量配对比较考评表

| 对比对象 | 被评估员工姓名 | | | | |
|---|---|---|---|---|---|
| | A | B | C | D | E |
| A | | － | ＋ | － | ＋ |
| B | ＋ | | ＋ | ＋ | ＋ |
| C | － | － | | － | ＋ |
| D | ＋ | － | ＋ | | ＋ |
| E | － | － | － | － | |
| "＋"个数 | 2 | 0 | 3 | 1 | 4 |

　　例如，A 与 D 相比，A 强于 D，就在对应的栏目中记"＋"；而 A 与 C 相比不如 C，就记"－"。这样，五个员工全部比较完之后，计算他们的"＋"号个数：A 是 2 个，B 是 0 个，C 是 3 个，D 是 1 个，E 是 4 个。这五个员工的优劣顺序就很容易看出来了。

## 三、人物比较法

　　人物比较法又称标准人物比较法，是一种特殊的比较法。人物比较法是先在员工中选择一人作为标准，其他人通过与这个标准员工比较来得出其绩效水平。具体操作程序如下：在评价之前，先选出一位员工，以他的各方面表现为标准，将其他员工与之相比较，从而得出评价结果，如表 3-3-3 所示。

表 3-3-3　人物比较法考核表

| 被评价员工姓名 | A | B | C | D | E |
|---|---|---|---|---|---|
| | 非常优秀 | 比较优秀 | 相同 | 比较差 | 非常差 |
| | | | | | |
| | | | | | |
| | | | | | |
| | | | | | |

　　人物比较法能够有效地避免宽大化倾向、中心化倾向及严格化倾向，并且易于设计和使用，成本很低，比其他方法更能刺激员工的工作积极性。但这种方法也存在一些问题：标准人物的挑选很难，无法与组织的战略目标联系，很难发现问题的存在，不便于提供反馈和指导，容易发生晕轮误差和武断评价。

# 第四节　描述法及其应用

　　描述法是指考核者用叙述性的文字来描述员工的工作业绩、工作能力、工作态度、优缺点、需要加以指导的事项和关键性事件等，由此得到对员工的综合评价。通常，这种方法是作为其他考核方法的辅助方法来使用的。根据记录事实的不同，描述法可以分为成绩记录法、能力记录法、态度记录法、指导记录法和关键事件记录法。我们选取其中最具代表性的一种方法——关键事件记录法来具体解释。近年来，一种情景模拟的考核方法——评价中心法越来越受到重视，从严格意义上讲，这种方法并不属于描述法，但是它同描述法有一些类似，因此也将它归入描述法中。

## 一、关键事件记录法的概念

　　所谓关键事件记录法，就是通过观察记录被考核者在工作中极为成功或极为失败的事件，来考察被考核者工作绩效的一种方法。关键事件记录法需要给每一位被考核的员工做一本"关键事件记录卡"，由考核者（通常是被考核者直接上级）随时记录。由此可见，用于考核员工的关键事件是在高的工作绩效和低的工作绩效之间造成差别的工作行为。考核人把每个被考核对象在完成这些事件时的行为记录在案，这些记录就是绩效考核时的一个以工作行为为基础的出发点。当然，不同被考核对象的关键事件可能不能直接比较，所以应事先由人力资源管理专家准备一些标准化的关键事件。

需要注意的是，所记录的事件有些是好事，如某员工"耐心地倾听一位顾客的意见，回答了这个顾客的所有问题，然后给这个顾客退了货。他在处理整个事件过程中对顾客表现得非常有礼貌和热心，使顾客满意而归，问题得到比较圆满的解决"。对于工作过程中的失败事件也要作详细记录，如"2013 年 5 月 5 日，甲与一名到商店购买商品的顾客发生了争吵，导致顾客对商店投诉，影响了商店的信誉"。所记录的事件必须是较突出的、与工作绩效直接相关的事，而不是一般的、琐碎的、生活细节方面的事。所记录的也应是具体的事件与行为，不是对某种品质的评价，如"某人对工作认真负责"等。关键事件记录法要求管理者将每一位员工在工作中所表现出来的代表有效绩效与无效绩效的具体事例记录下来。

## 二、关键事件记录法的优缺点

关键事件记录法的优点：针对性强，不易受主观因素的影响。此考核方法是对事件的记录，只是对具体员工工作行为的积累。根据这些事件，进行归纳、整理和总结可以得出可信的考核结果；从中可以看到被考核员工的长处和不足，如将此信息反馈给员工，因为有事实支持而易使被考核员工接受，有利于他以后继续发扬优点，改正缺点，自我提高。

关键事件记录法的缺点：基层管理者工作量大，在考核过程中不能带有主观意识，但在实际过程中往往难以做到，需要以员工自己的周报、月报等的记录为参考。这种方法国内外许多大公司如海尔普遍采用。

## 三、关键事件记录法的应用方法及步骤

### （一）关键事件记录法的应用方法

关键事件记录法的应用方法为 STAR 法。由于 STAR 英文翻译后是星星的意思，所以又叫"星星法"。STAR 法就像一个十字形，分成四个角，记录的事件要从四个方面来写，即："S"是"Situation"（情境），也就是这件事情发生时的情境是怎么样的；"T"是"Target"（目标），也就是员工为什么要做这件事；"A"是"Action"（行动），也就是员工当时采取什么行动；"R"是"Result"（结果），也就是员工采取这个行动获得了什么结果。

### （二）运用关键事件记录法的步骤

首先要识别关键事件。运用关键事件分析法进行工作分析，其重点是对关键事件的识别，这对调查人员提出了非常高的要求，一般非本行业、对专业技术了解不深的调查人员很难在很短时间内识别该岗位的关键事件是什么，如果在识别关键事件时出现偏差，会对调查的整个结果带来巨大的影响。识别关键事件后，调查人员应记录以下方面的相关信息和资料：导致该关键事件发生的前提条件；导致该事件发生的直接和间接原因；关键事件的发生过程和背景；员工在关键事件中的行为表现；关键事件发生后的结果；员工控制和把握关键事件的能力如何。将上述各项信息资料详细记录后，需要进一步分类，并归纳总结出该岗位的主要特征、具体控制要求和员工的工作表现情况。

采用关键事件记录法，应注意关键事件要具有岗位代表性。关键事件的数量不能没有强制要求，识别清楚后是多少就是多少。关键事件的表述要言简意赅、清晰准确。对关键事件的调查次数不宜太少。

# 第四章
# 绩效计划

在企业绩效管理过程中，最关键的环节就是绩效计划，这也是绩效管理的第一个环节，一个好的绩效计划在整个企业管理过程中都会起到至关重要的作用。本章内容为绩效计划，依次介绍了绩效计划概述、绩效计划的制定原则、绩效计划的组织与管理、绩效计划的结构、绩效计划的流程五个方面的内容。

## 第一节　绩效计划概述

计划是重要的管理职能之一，全面了解计划的内涵对理解绩效计划具有重要的意义。计划是指对未来的预想及使其变为现实的有效方法的设计，是对未来进行预测并制定行动方案，简言之，计划就是制定目标和编制方案。计划既是制定目标的过程，也是这一过程预期达成的目标，既涉及目标（做什么），也涉及达到目标的方法（怎么做）。绩效计划作为一种重要的计划形式，具有一般计划的功能的特点。绩效管理系统通过绩效计划来连接战略和运营，使管理的计划职能得以实现。绩效计划作为绩效管理的首要环节，也是绩效管理的关键环节，在绩效管理系统中具有非常重要的作用。

## 一、对绩效计划内涵的深入理解

绩效计划是指当新的绩效周期开始的时候，管理者和下属依据组织战略规划和年度工作计划，通过绩效计划面谈，共同确定组织、部门及个人的工作任务，并签订绩效目标协议的过程。对绩效计划的内涵，需要从以下几个方面进行全面把握。

### （一）实现组织的战略目标是绩效计划的目的

绩效计划的目的是将组织的战略目标转化为组织层面、部门层面、个人层面的绩效目标，将整体的组织战略目标细化，使每个人都能够从自己的角度上对组织战略目标进行理解，从而使每个员工不断地改进自己的工作行为，完成工作任务，以持续改进和提升组织的绩效。因此，可以说，绩效计划的目的就是使每个员工、部门的绩效目标与企业整体的组织战略目标相一致，实现组织的战略目标就是绩效计划的目的。

### （二）绩效计划面谈是绩效计划的重要环节

绩效计划并不只是由企业的管理者制定的，还需要企业管理者与员工的共同参与。企业管理者与企业员工通过绩效计划面谈能够更加顺畅地交流沟通，增进双方的了解，从而更好地在绩效目标、绩效指标、评价标准等方面达成共识，共同确定行动计划。在这个双向沟通过程中，全员参与十分重要，管理者需要对此进行深入了解。

1. 绩效计划面谈是管理者与员工双向沟通的过程

传统的目标制定过程通常由最高管理者制定总目标，然后依据组织结构层层分解，是一个单向的制定过程。而绩效管理中的绩效计划强调互动式沟通，需要管理者和员工共同参与绩效目标、指标、目标值和行动方案的讨论和确定。也就是说，现今的绩效计划面谈过程是一个双向过程，员工与管理者都要参与到绩效计划的制定过程中来。在双方讨论的过程中，企业管理者与员工分别要将自己本身的情况与信息互相分享，这样，双方才能更好地进行沟通交流。员工需要向管理者说明这几项内容：自己在工作过程中遇到的问题，自己在工作过程中需要得到什么帮助；工作中遇到的一些令人疑惑之处；自己的工作目标；如何更好地完成工作；自己的工作计划等。企业管理者需要向员工说明这几项内容：组织的整体目标；每个部门的目标；对员工的期望；针对这个期望，对员工的工作制定的工作期限与工作标准等。

## 2. 绩效计划面谈是全员参与的过程

绩效计划的面谈过程是全员参与的过程，将参与绩效计划面谈的人员大致进行分类，可分为三类，分别是企业管理者、普通员工及人力资源管理专业人员。在全员参与绩效计划面谈的过程中，三者有着不同的职责。通常情况下，企业管理者与普通员工主要是针对企业情况以及自身情况阐明信息，而人力资源管理专业人员则负责提供政策框架，开发相关的培训资料，同时还充当着企业管理者与普通员工的桥梁，解决好二者之间的冲突，促进二者更好地展开交流互动，获取更多的信息，以在基本满足二者要求的基础上协助其他相关人员制定绩效计划。一般来说，管理者与人力资源管理专业人员需相互合作，共同构建一个绩效管理框架，在这个框架的基础上，绩效计划的具体制定则需要人力资源管理专业人员对企业管理者和员工的共同指导。

总的来说，人力资源管理专业人员的责任就是向管理者（包括普通员工）提供必要的指导和帮助，以确保组织的绩效计划中的绩效结果和绩效标准保持稳定性、协同性，从而保证组织绩效管理系统的战略一致性。

在绩效计划的制定过程中，经理十分重要。经理通常是部门的直接负责人，其领导着整个部门，对于整个部门的运行状况以及每个员工的工作情况也都有一个比较清晰的了解，他们上与公司重要领导有联系，下与整个部门的员工有联系，因此，由部门经理来担当部门绩效计划工作的责任人，可以说是十分合适。而且，其所制定的部门绩效计划也更加符合现实情况，在实践过程中遇到某些不合理的地方也更加便于改正，其灵活性也更高。

从社会信息学来看，员工对自身作出的选择的投入度越高，参与执行绩效计划的意愿度就越高，绩效计划的实施就越有效，也就更加有助于绩效目标的实现。这就要求管理者在制定绩效目标和绩效标准时，尽可能地让所有员工参与进来，制定具有挑战性的目标，通过员工目标的实现来实现组织目标。

### （三）确定绩效目标、绩效指标和绩效评价标准是绩效计划的主体内容

绩效计划的主体内容是在充分沟通的基础上，管理者和员工确定在一个绩效周期内应该"做什么"的问题。"做什么"在绩效计划中具体体现为确定绩效目标、绩效指标和绩效评价标准。还需要通过沟通，确保组织战略目标能分解为部门目标和个人目标，最终使组织战略目标在个人目标上落地，这要求通过制定绩效计划，为实现战略目标创造基础和条件。

### （四）签订绩效协议是绩效计划的最终表现形式

通常情况下，对于一个人来说，是否能够坚持某一态度，这主要与两种因素有关，即其是否参与态度形成的过程，以及是否作出公开承诺。若均为"是"，人们通常对其投入程度会更高。因此，要想使员工更好地执行

绩效计划，就需要使其参与绩效计划的制定，同时还要使其针对绩效计划的执行作出公开表态或承诺。另外，对于管理者来说，他们也要向员工作出承诺，以确保二者之间的紧密合作，并在企业员工遇到某些问题与困难时提供指导与支持，共同推进组织目标的实现。

绩效协议就是关于工作目标和标准的契约。绩效协议包含绩效目标、目标值、绩效指标、指标权重、行动方案等内容，对整个企业、管理者以及普通员工的绩效考核方式、目标等都进行了阐述。企业管理者与员工在绩效计划制定之后就可以签订绩效协议，以作出公开表态与承诺，绩效协议的签订是绩效计划的最终表现形式，它标志着绩效计划工作的完成。

## 二、绩效计划的类型

明确绩效计划的分类是理解绩效计划概念外延的有效途径，根据不同的分类标准，可以将绩效计划分为不同的类别。根据绩效层次的差别，可以将绩效计划分为组织绩效计划、部门绩效计划、个人绩效计划；根据不同人员在组织系统内岗位层次的不同，可以将绩效计划分为高层管理者绩效计划、部门管理者团队领导绩效计划、一般员工绩效计划；根据绩效周期的差别，可以将绩效计划分为任期绩效计划、年度绩效计划、半年度绩效计划、季度绩效计划、月度绩效计划、周计划甚至日计划等。各类绩效计划并不是独立的，而是相互影响、相互融合的。

### （一）根据绩效层次差别分类

1. 组织绩效计划

组织绩效计划是对组织战略目标的分解和细化，组织绩效目标通常都是战略性的目标。组织绩效目标和绩效指标是整个计划体系的指挥棒和风向标，决定着绩效计划体系的方向和重点。

## 2. 部门绩效计划

部门绩效计划的核心是从组织绩效计划分解和承接来的部门绩效目标，是在一个绩效周期之内部门必须完成的部门各项工作任务的具体化。同时，部门绩效计划还需反映与部门职责相关的工作任务。

## 3. 个人绩效计划

从广义上讲，个人绩效计划包含组织内所有人员的绩效计划，即高层管理者绩效计划、部门管理者绩效计划和员工绩效计划。高层管理者绩效计划直接来源于组织绩效计划，是对组织绩效目标的承接；员工绩效计划是对部门绩效计划的分解和承接，同时也反映个人岗位职责的具体要求。从狭义上讲，个人绩效计划是指员工绩效计划。

## （二）根据绩效周期差别分类

任何计划都有执行时间，执行时间、执行内容不同，最后产生的绩效结果也不尽相同。根据不同的计划实施周期，可将绩效计划划分为三种类型：年度绩效计划、季度绩效计划、月度绩效计划。

## 1. 年度绩效计划

年度绩效计划是整个企业全年的绩效计划。年度绩效计划涵盖面应当更加广泛，是企业长期战略目标的具体化。年度绩效计划经过拆解，可以为企业中长期战略和目标的实现做好规划。

## 2. 季度绩效计划

季度绩效计划，顾名思义，是将一个季度作为一个绩效考核周期。季度绩效计划经过拆解，可以为企业的中期战略和目标的实现做好规划。

### 3. 月度绩效计划

月度绩效计划，是以一个月作为计划实施周期，与年度绩效计划、季度绩效计划相比，在周期上更短。可以说，月度绩效计划是针对企业短期战略和目标的规划。

## 三、绩效计划的特点

### （一）绩效计划具有明确的目标性

所有工作都是围绕目标进行的，实际上，任何组织或个人制定绩效计划都是为了有效地达到某种目标。但是，在绩效计划实施之前，这种目标可能并不十分具体。因此，在绩效计划的最初阶段，制定具体明确的目标是首要任务。

### （二）绩效计划是具有首要地位的

为什么说绩效计划在绩效管理中具有首要地位呢？这是因为计划职能是唯一需要实现的，管理过程当中的其他职能都是为了支持、保证计划职能的实现。因此，这些职能只有在确定了绩效计划之后才能进行。事实上，没有绩效计划工作，其他工作就无从谈起。

### （三）绩效计划是具有普遍性的

绩效计划是各级主管人员的共同的职能，同时，由于这些人所处的位置和所拥有的职权不同，他们在绩效计划工作中会有不同的侧重点。例如，为了完成组织制定的目标，哪些指标是最重要的？哪些是次要的？各占多少权重？指标值设置多少才合适？跨部门的目标该如何处理？研发体系中的很多东西很难量化，应如何设定目标？类似的问题有很多，而解决这些问题需要各级管理人员依据实际情况去制定工作计划，这样才能有条不紊地开展工作，才能更好地提高工作效率，从而完成组织制定的目标。

### （四）绩效计划是具有效益性的

绩效计划的效益性可用计划的效率来衡量。计划的效率是指实现目标所获得的利益与执行计划过程中所有耗损之和的比率，即制定计划与执行计划时所有的产出与投入之比。在制定计划时要考虑计划的效率，不但要考虑经济方面的利益和耗损，还要考虑非经济方面的利益和耗损。如果一个计划能够达到目标，但因此而付出的代价太大，那么这个计划的效率就很低，就不是一个好的计划。

## 四、绩效计划的作用

### （一）绩效计划是绩效管理系统中最为重要的环节

绩效计划为绩效管理流程中的第一个环节，是绩效管理实施的关键。可见，绩效计划制定得科学与否直接影响着绩效管理的实施效果。绩效计划的内容建立在管理者和员工共同接受的基础上，既使员工明确了工作目标，又使管理者有了检查和监督员工工作的依据。因此，绩效计划是整个绩效管理工作的基础与前提，是绩效管理系统中最为重要的环节。

### （二）绩效计划是一种重要的前馈控制手段

管理控制系统是为实现某一战略目的所设置的一套程序或方法体系，绩效管理系统是对组织目标完成情况进行有效监控，从而确保企业战略目标实现的工具系统。绩效管理系统本质上是一种动态的管理控制系统，它的管理活动过程是有序的、复杂的，随着时间的推移，员工本身的工作态度、工作行为、工作结果等在不断改变，员工的绩效也在不断变化之中。在整个绩效管理系统中，其最终的组织目标需要全体员工共同参与才能实现，将总的组织逐级细化并具体分配到每个职位之后，这样每一个职位员工都有了明确的目标，整个绩效管理过程也就变得更加明确。绩效管理系统与管理控制系统从整体上看有些相似，绩效管理系统的绩效计划环节与管理控制系统中的前馈控制环节恰好相对。也就是说，绩效计划属于绩效管理系统的一种前馈控制手段，它可以帮助企业提前预测实施过程中可能会遇到的问题与困难，并制定相应对策。

**（三）绩效计划是一种重要的激励员工的手段**

根据弗隆姆的期望理论，组织中激励作用的发挥取决于三个关系：一是努力与绩效的关系（成功的可能性），二是绩效与奖励的关系（获奖的可能性），三是奖励与目标的关系（奖励的吸引力）。第一，努力与绩效的关系。每个人的天赋不同、性格不同、能力不同，很多时候人们认真努力并不一定能够完成绩效。因此，员工需要考虑通过不断努力工作最终获得绩效的可能性，其成功的可能性越大，对其的激励作用也就越大。第二，绩效与奖励的关系。奖励是一种激励手段，能够激励员工工作，绩效也是一种激励员工工作的手段，二者之间关系密不可分。绩效的获得受到多方面因素的影响，包括努力程度、工作条件、工作积极性、能力水平等，员工获得奖励的可能性越大，对其的激励作用也就越大。第三，奖励与目标的关系。在绩效计划中，绩效目标要适宜，既不能过高，也不能过低，通常情况下，员工经过努力就可以实现的目标往往激励性最强，对其的吸引也最大，更加能够促进其积极性的发挥。因此，绩效计划是一种十分重要的激励员工的手段。

### （四）绩效计划能够促进员工的职业生涯发展

职业生涯是指一个人在其工作中经历的一系列职位、职业及与之相关的价值观、工作态度、工作动机变化过程的总称。绩效计划有助于员工个人的职业生涯发展。制定绩效计划，首先要对组织内的工作岗位进行工作分析。针对不同能力和潜力的员工，在组织战略目标的框架下，可以提出不同的目标要求和绩效标准，给员工一个适合自己的发展空间。同时，员工在绩效计划的指引和激励下会不断进步，从而促进个人职业生涯的发展。管理者要以绩效计划为契机，帮助员工制定职业规划。另外，对已有打算的员工，管理者则要善于将其与组织目标结合起来，完善员工的职业生涯规划和组织绩效计划。

# 第二节　绩效计划的制定原则

绩效计划可以从名词和动词两方面来理解，从名词方面来理解，绩效计划就是指关于工作标准与目标的合约，用以规范和评判工作人员的工作情况。从动词方面来看，绩效计划就是指企业管理者与员工通过相互沟通交流最终拟定绩效合约的过程。在绩效管理系统的闭合循环之中，绩效计划是第一个环节，也是最为关键的环节，因此，绩效计划的制定不能盲目，要遵循一定的原则。

## 一、目标一致原则

绩效计划是服务于组织总体发展战略及年度经营计划的，因此，在设计考核指标及考核方法时，一定要使其与组织发展战略和经营计划保持一致，应按"组织整体—大部门—小部门"的层次，自上而下、由大到小地，将组织发展战略和经营计划的目标层层分解，落实到每个部门和员工。假定组织制定了"每年有新产品上市"的战略目标，研发部门就要制定出诸如"6月底完成设计"的计划，生产部门要有"7月底完成试制，8月开始批量生产"的计划，销售部门要有"12月底新产品销售量达到××件"的计划。与部门计划相对应，还要制定出与组织战略目标一致的员工绩效计划。比如，"研发部门××5月底完成A模块的设计""生产部门××7月底掌握新产品工艺""销售部门××9月底完成新产品销售渠道的调查和设计"等。

## 二、突出重点原则

在制定员工的绩效指标时，要根据其关键职务，制定尽量少的评价指标，从经验上看，以3～5个为宜。所谓关键职务，是指与组织战略目标的实现有密切关系、决定员工在组织目标中的地位的工作内容。将绩效指标锁定在关键职务上，就会使员工明确努力方向，优化资源配置，更有效地工作。如果管理者事无巨细地评价，就会使员工难以理解绩效管理的重点，觉得受到束缚、制约，从而影响其主动性的发挥。同时，繁多的指标也会给管理者造成负担，不利于绩效管理的实施。

## 三、可度量性原则

在设计绩效指标时，要力求绩效指标的实现程度可以用数字来表示，要尽可能使用金额、产量、销售量、工作时间等数值。对于定性指标，也要借助数学手法将其量化。之所以要坚持可度量性原则，是因为量化可以使绩效考核更具客观性，同时也有利于进行综合考察。

## 四、可接受性原则

可接受性是指绩效考核系统必须得到广泛的认可。绩效考核系统的使用者为考核者和被考核者，在技术标准上，设计得再好的绩效考核系统，如果得不到考核者和被考核者的认同与支持，其作用也不会得到有效发挥。员工从绩效考核系统中感知到的"公平性"是其支持绩效考核系统的重要基础，公平性包括程序公平、人际公平和结果公平。为做到程序公平，组织必须给员工参与绩效考核系统设计的机会，如果不能提供这个机会，最起码要做到公开绩效考核系统的设计过程，给予员工充分讨论的机会，吸收他们的意见。在评价标准上，组织要做到"一视同仁"，不搞"双重标准"。在绩效考核中，组织要对考核者进行培训，减少主观评价错误和偏见，及时反馈考核信息，允许员工质疑，尊重员工的言论权。在绩效考核结束后，组织应该与员工就考核结果进行坦诚沟通。总而言之，如果组织在绩效考核系统的开发、使用和反馈阶段都考虑员工对"公平性"的感受，那么，绩效考核系统就容易得到员工的支持。

## 五、全员参与原则

组织全体员工参与绩效计划的制定是保证绩效管理成功实施、为实现组织战略目标作出贡献的基础。虽然各部门、每个人之间有业务内容、职务上的不同，所使用的资金及获取的报酬的数额有差别，但在使用组织资源这一点上是相同的。既然组织的投入分散到每个部门和每个人，组织当然期待他们都有相应的产出，这样才能保证投入、产出的效率和效果。否则，就会形成仅有投入没有产出的"资源黑洞"，造成浪费。同时，全员参与绩效计划及考核也是创造公平环境的需要。如果仅有部分人对绩效计划制定和考核有参与权，其他人只是被评价对象，就会埋下冲突隐患，破坏生产经营秩序。全员参与绩效计划的制定过程，可以使各方面的潜在利益冲突显现出来，在计划制定环节就采取措施平息冲突，有利于保证绩效实施、绩效考核、绩效反馈的顺利进行。

# 第三节　绩效计划的组织与管理

组织制定绩效计划的目的是使组织各层级都有明确的、上下一致的目标，以保证组织战略的实施和目标的实现。通常，绩效计划是由人力资源部门的绩效管理专业人员或组织高层领导主持的。组织高层管理者与部门主管之间、部门主管与员工之间，要就未来需要完成的工作任务确定绩效标准，找出每个岗位应该重点完成的工作要项，并在绩效目标上达成一致。

## 一、绩效计划参与者

企业的绩效计划一般由各层级管理者与员工共同参与制定，他们各自发挥着不同的职责和作用，具体包括以下几位参与者。

### （一）总经理

总经理是绩效管理的领导者与推动者，参与绩效计划的制定是其重要职责。在绩效计划制定的过程中，总经理负责企业战略目标的规划，为绩效战略目标的制定指明方向。除此之外，总经理还负责绩效计划的监督和审批工作。

### （二）人力资源部

人力资源部是绩效管理的推行者和监督者，绩效计划需要人力资源部规划和指导。人力资源部参与绩效计划的制定，可以充分发挥人力资源专业人员的优势，让绩效计划的制定更专业、科学。在绩效计划制定过程中，人力资源部负责相关数据的收集、整理和分析工作，并负责绩效计划方案的草拟工作。

### （三）中层管理者

中层管理者是绩效管理的执行者和反馈者，他们一般是部门的直接负责人，更了解与岗位、业绩相关的信息。中层管理者参与绩效计划，可以让管理者明确自己在绩效管理中扮演的角色，同时，也可以让绩效计划的设计更符合企业实际。

### （四）员工代表

员工是绩效管理执行的主体，在绩效计划制定过程中，充分发挥员工参与的作用，可以减少绩效计划执行的阻力，保障绩效计划的合理性。对于员工人数较多的大中型企业来说，通常不会要求全体员工参与绩效计划的制定，而是由各部门派员工代表参与绩效计划的制定。在企业经营中，忽视员工参与是绩效计划制定过程中存在的普遍问题，员工参与绩效计划的程度会影响绩效计划的透明度和执行力度，企业要重视员工对设计绩效计划的作用。

## 二、绩效计划的准备

在制定绩效计划之前，需要做好各项准备，才能保证计划切实可行。绩效计划准备阶段工作的主要目的是交流信息、动员员工，以使各层次绩效计划为实现企业战略目标而服务。在绩效计划准备阶段，需要对企业、部门及员工情况资料进行整理分析，具体内容如下。

### （一）企业信息准备

绩效计划的有序进行，需要员工和各部门共同执行。但执行的前提是，员工和各部门对企业的发展战略和经营计划有清晰的了解，保证绩效计划实施之前，双方都熟悉企业战略目标。企业战略目标，即企业在发展过程中追求的长期结果，它反映的是企业在一定时期内，整体经营活动的方向和要达到的水平。企业经营计划，即一段时间内企业生产经营活动的综合规划。明确这两个方面之后，在管理人员和员工共同沟通的基础上，制定绩效计划，以确保双方对绩效计划的内容没有任何异议。

### （二）部门信息准备

部门的发展规划是从企业的经营计划中分解而来的，无论哪个部门的发展，都应当与企业的经营计划相结合。

### （三）员工信息准备

制定绩效计划，还需要准备好员工个人信息。员工个人信息，包含两方面：一是员工工作岗位职责描述信息，二是员工上一个考核周期的考核结果。其中，员工岗位职责，主要是指员工岗位的主要工作内容与责任。根据员工的工作岗位职责，为员工设定工作目标，可以起到使个人工作目标和岗位职责紧密联系的作用。员工在不同考核周期内的考核结果是有一定关联的。因此在制定绩效计划时，一定要参考上一个考核周期员工的考核结果，以便让员工更好地明确自己需要改进的方向。

## 三、绩效计划的沟通

绩效沟通是指管理者与员工在共同工作的过程中就各类与绩效相关的信息进行交流、分享的过程。持续的绩效沟通不仅能够帮助员工适应不断变化的工作环境，接受不断升级的工作挑战，让员工在面对变数的时候能够借助沟通的机会找到合理解决问题的途径和办法，从而减轻员工的心理负担，更能够使管理者及时了解和发现员工的想法、问题并对之进行及时的辅导和跟踪，从而为管理者的管理工作带来巨大的帮助。而作为其中一个环节的绩效计划沟通，更能够使管理者在年度绩效考核初始阶段就对员工有深入的了解。沟通中不但可以就上一阶段绩效考核结果进行回顾、讨论和总结经验，还可以对本年度的工作现状、工作变更和工作目标进行合理协商，大大降低后期出现矛盾、误解的可能性，降低员工的不满和工作的难度。

## （一）绩效计划沟通的内容

持续的绩效计划沟通是绩效管理的需要，也是及时调整绩效计划的需要。在绩效计划的实施过程中，并不总是一帆风顺的，执行一段时间之后仍然十分完美，没有出现任何问题，这几乎是不可能的。因此，在绩效计划执行过程中企业管理者要与员工持续地进行沟通交流，从绩效目标、考核指标、行动计划、衡量标准等多个方面进行分析，根据实际情况随时调整绩效计划，以确保其能够更加与实际情况相契合，最终提高整体的绩效。

## （二）正式沟通与非正式沟通

绩效计划沟通方式有很多种，在实际执行过程中，要根据实际情况选择不同的绩效沟通方式。如果某个员工的绩效出现了一些问题，这时候就可以通过面谈或书面报告方式与之进行沟通。如果是企业的整体战略发生了变化，这时候就要通过开会的方式向各个部门传达整体战略变化情况，再由各个部门负责人召开部门会议，将企业战略变化情况传达给员工。除此之外，绩效计划沟通的方式还有电话沟通、电子邮件等。

1. 正式沟通

（1）书面报告

书面报告是绩效管理中比较常用的正式沟通的方式，它是指员工使用文字或图表的形式定期或不定期地向管理者报告工作的进展。通过这种形式，管理者能够及时跟踪、了解员工的工作开展状况。而为了防止书面报告形式化以及其他由于单向沟通而产生的弊端，应辅之以直接面谈或电话沟通等方式，因为这种辅助性的沟通方式不仅能够有效地配合书面报告，节省管理者的时间，更能够在短时间内大量收集信息，提高了沟通的效度。

（2）一对一面谈

一对一面谈也是绩效计划沟通的常见方式。在面谈之前管理者应该清楚地陈述本次面谈的目的和重点内容，一方面让员工有所准备，另一方面让员工有机会了解与他工作相关的一些具体情况、进展乃至变化。例如，"上一次面谈我们谈到了你的一些不足和缺点，在近期的工作中，你有没有改进？是如何改进的？""公司业绩目标变化了，使我们不得不修改一下之前拟订的工作目标。"

在面谈中，要充分注意四点：其一，由于面谈本身的性质就是一对一的，所以管理者应该将重点放在员工个人的具体表现、情况和要求上，而不是宏观地泛泛而谈，要让面谈变得更加有实效。其二，面谈内容的重点应该放在具体的工作目标、工作任务及工作标准上，留给员工充分的时间来说明问题，并在必要的时候加以一定的引导。其三，面谈过程中管理者要听多于说。管理者应该更多地鼓励员工进行自我评价，让员工自我反思，找出自己的不足和弱势以及改善的方法。在倾听的过程中，还可以发现很多通过其他调研无法发现的信息，这对于管理者而言也是尤为重要的。其四，在面谈过程中，必须要对重要的面谈信息进行记录。尤其是那些经协商后确定的计划和目标，如果没有及时记录，很容易在工作中遗忘。

（3）小组会议

与前两种方式不同，小组会议能够避免信息不能共享的缺点，让更多的人从沟通中受益。由于是以小组为单位进行团队会谈，所以每一位员工都能利用此机会畅所欲言，不仅能将个人在工作中所遇到的问题反映出来，更能够以个体的视角发现团队的问题，从而集思广益，商量对策。这不但对个人绩效的提升有很大帮助，对整个团队绩效的改善也大有裨益。但因为是在公开的正式场合展开讨论，所以一方面要合理地筹划会议安排，控制会议进程，保证会场的正式和有序；另一方面更要在会议内容上多加注意，既要保证会议探讨话题的有效性，也要注意会场的气氛，切勿公开探讨任何个人业绩问题。

（4）咨询

咨询，"咨"是商量，"询"是询问，原本这两个字并不是同样的意思，后来逐渐变成一个复合词，有询问、商量、谋划的意思，它也是绩效计划沟通的一个重要方式。当员工的绩效没有达到标准的时候，企业管理者就可以通过咨询方式与员工进行沟通交流，以帮助其找到问题、分析问题、解决问题。在对员工进行咨询的时候，需要做到五点：其一，咨询是有准备的。针对具体咨询问题的不同，应该选择不同的环境。其二，咨询应该是及时的，当发现员工的绩效出现问题的时候要及时咨询其情况。其三，同其他沟通交流的方式一样，咨询应该是双向的，企业管理者要允许并鼓励员工发言，诉说自己在工作过程中遇到的问题，管理者要善于倾听，这样更容易获取员工的信任，也更容易拉近与其的距离。其四，咨询要客观中立。对于不好的绩效要找出原因并结合员工个人的具体情况提供专业的改进意见，对于好的绩效更应着重、详细、具体地说出事实依据，帮员工建立一定的自信心。其五，咨询要有结果，即管理者和员工要共同制定改进绩效的具体行动计划，让员工看到成功的可能。

## 2. 非正式沟通

在工作开展的过程中，由于客观条件的限制，管理者和员工不可能总是通过正式的渠道来进行沟通。所以，应该把握机会，在日常的工作、生活中，随时随地沟通。无论是吃饭时的闲聊、郊游或聚会时的谈话，还是"走动式管理"或"开放式办公"等，都可以而且应该成为组织内部信息传递的渠道和桥梁。

非正式沟通最大的优点就在于它的及时性和灵活性，能够在问题发生的最短时间内，通过管理者与员工的交流，促使问题及时解决，提高办事效率。除此之外，非正式沟通还有助于让员工感到与管理者之间的亲近，具有一定的激励效果。当然，由于非正式沟通缺乏严肃性，所以并不是所有的问题都可以通过非正式沟通的形式解决。常见的非正式沟通方式主要有以下几种。

（1）开放式办公

开放式办公，是指主管人员的办公室是开放的，并未与员工工作地点隔开，员工在工作过程中遇到了某些不懂的问题可以随时随地前往主管人员的开放式办公室询问，与之一同讨论交流，主动权掌控在员工手中，这有助于增强员工的积极性和主动性，使得整个工作氛围变得更好。

（2）走动式管理

走动式管理，很容易理解，就是指员工在工作的时候，主管人员可以在其座位附近走动，这样当员工遇到问题的时候可以及时发现并予以解答。与其他方式相比，这种沟通方式更加具有随意性，能够减轻员工的压力，激励其更加积极地工作。当然，主管人员在走动的时候应注意不要影响和干涉员工的工作，也不要一直盯着某一个员工，以免使其产生逆反情绪，增加其心理压力。

（3）工作间歇时的沟通

除了工作时间，主管人员还可以在工作间歇与员工进行沟通，谈论一些比较轻松的话题，其目的在于建立良好的关系，以便之后更好地沟通。

（4）非正式的会议

非正式的会议也是一种比较好的沟通方法，主要包括联欢会、生日晚会等各种形式的非正式团队活动。主管人员可以在轻松的气氛中了解员工的工作情况和需要帮助的地方。同时，这种以团队形式举行的聚会也可发现一些团队中存在的问题。

### （三）绩效计划沟通的原则

#### 1. 平等原则

管理者和员工在绩效计划沟通中是一种相对平等的关系，是为了共同的组织目标而做计划，不是一方对另一方的批评，更不是所谓的绩效检讨。

#### 2. 事实导向原则

坚持该原则能够很好地避免落入对人不对事的误区。在绩效计划的沟通阶段，沟通的主要依据是绩效标准和绩效事实，而不是员工个人，所以在绩效计划沟通中，必须尽可能地以描述事实为主要内容进行讨论，避免一切人身攻击。这样不仅能够维护员工尤其是绩效差的员工的面子，而且更容易激发他们发言的欲望，通过表达自己的真实想法，来发现导致绩效差的原因所在。

#### 3. 积极倾听原则

积极倾听原则在绩效计划沟通中较其他原则更为重要：一方面，由于员工来自一线，是最了解自己岗位的人，所以在制定绩效计划的时候，他们往往最有发言权，管理者应该认真倾听，做好相关记录，认真考虑员工意见并合理吸收；另一方面，绩效计划沟通本身的性质就是合议，而不是听从，所以管理者应该积极倾听，与员工一起作决定，而不是采取命令的方式控制沟通进程。一般来说，管理者倾听、吸收、转化员工的合理意见越多，也就是员工自己决定的成分越多，绩效计划沟通的效果就越好。

### （四）绩效计划沟通的一般过程

第一，回顾与绩效计划相关的信息，如组织最新制定的战略计划、组织最新的工作任务、上一绩效管理周期考核的结果等。第二，与员工一起探讨，深入了解员工的个人规划。在这个环节的沟通中，加入个人发展规划的部分，可为更好地将个人发展目标与组织发展目标相融合建立坚实的基础。第三，改变或进一步完善员工的工作内容和绩效目标。如果原有的职位发生了改变或是工作环境有了变化，需要确认新的工作任务和职责，尤其要注意岗位相关职责的改变，需确定新的关键绩效指标。第四，制定本年度的绩效目标，主要是就所制定的绩效目标的可行性进行探讨，在此阶段管理者一定要给予员工极大的肯定、鼓舞和支持。第五，进一步就制定的绩效目标展开讨论，确定实现目标的详细绩效计划。

## 四、绩效计划的审定

### （一）绩效计划审定的目的

绩效计划审定是为了提高绩效计划管理的有效性。绩效管理首先是绩效计划管理，在绩效计划阶段，通过战略目标的层层分解，实现压力有效的向下传递，从而使得部门和员工的努力与公司的发展相协同，促进公司目标的达成。绩效计划制定得不合理，会导致整个绩效管理过程的失败。因此，在绩效计划实施之前，一定要对计划进行审定。

### （二）绩效计划审定的内容

绩效计划审定应主要关注四个方面：第一，绩效计划指标值的设定是否合理。绩效计划中对工作目标的设定是否合理，主要按照工作目标中设定的考评标准及时间进行判定。第二，绩效计划的内容是否包括了员工的主要职责。主要职责是确定绩效计划及考评内容的基本依据，也是调整绩效计划及考评内容的基本参照信息。第四，绩效计划的周期是否明确合理。绩效计划原则上以年度为周期，根据其职务和应完成的工作目标等具体工作特点，设定相应指标，确保周期制定合理，且被员工了解。第三，绩效计划中的权重设置是否合理。审定绩效计划及考评内容划分的大类权重，确认它能体现工作的可衡量性及对公司整体绩效的影响程度，并审定不同职位类型在大类权重设置上的规律及一致性。

## 五、绩效计划的跟进

员工与主管共同协商制定好绩效目标和详细的绩效计划之后，在实施过程中，对员工具体的计划执行情况进行跟进并就员工的具体情况进行指导对于组织来说是极其重要的。借助跟进员工工作进度，能够很好地发现实际工作和目标之间的差异并确定改进的方法，所以绩效计划的跟进是绩效目标实现过程中不可或缺的环节，它不是监督也不是控制员工的工作，而是希望借此帮助员工解决困难，引导他们进入正常的工作轨道。

进行绩效计划跟进的目的体现在两个方面：一方面，发现偏差，及时纠正。由于客观或主观环境变化的不确定性，绩效目标在实施的过程中很可能会出现困难。为了使绩效目标最终得以实现，使目标与结果趋于一致，进行绩效计划的跟进是非常有必要的。通过每个阶段的追踪检查，能够及时发现绩效计划实施过程中出现的各项偏差并及时采取行动进行纠正，从而维持目标的弹性。另一方面，保持跟踪，建立沟通。绩效计划的跟进从某种程度上能够提供更多的沟通机会，让员工与主管定期交流，从而使双方相互间的配合更加默契，在更大程度上达成一致，以更好地实现组织目标。

绩效计划跟进时间长短的不同对于绩效计划实施的效果会产生很大的影响。对于职位级别不同的员工进行绩效计划的跟进周期是不一样的。一般来说，对普通员工、中层管理人员的绩效计划跟进周期通常要比高层管理人员的绩效计划跟进周期要短，前者通常以"月度"或者"季度"作为周期，后者通常以"半年度"或者"年度"作为周期。

需要明确的是，在企业之中，无论是对普通员工，还是对管理人员来说，都有与之相对应的跟进措施否则管理者就无法掌握绩效计划开展的效果，更无法及时发现绩效计划实施过程中出现的问题并进行反馈。在那些对高层管理人员、中层管理人员，或普通员工都没有相应跟进绩效计划的企业里，对高层管理人员没有跟进绩效计划的比例最高。由此我们可以发现，企业会对员工及中层管理人员进行绩效计划跟进，但对于高层管理人员的绩效计划跟进往往会被忽视。这是一个值得注意的问题。因此，在企业制定绩效跟进计划的时候，要注意不要忘记对高层管理人员的绩效计划跟进。同时，在绩效计划实施的过程中，沟通是不可缺少的，事先建立好沟通渠道来保证以后的沟通顺畅。

# 第四节　绩效计划的结构

## 一、绩效目标

绩效目标是连接组织战略与绩效管理系统的纽带，也是绩效计划的关键内容。绩效目标体系是对组织战略目标的分解和细化，是制定绩效指标、绩效评价标准和行动方案的起点和基础。

### （一）绩效目标的内涵

绩效目标是指管理者与员工在组织使命和组织核心价值观的指引下，对组织的愿景和战略进行分解和细化，具体体现为绩效主体在绩效周期内需要完成的各项工作。具体明确的绩效目标是组织纵向和横向协同的基础，也是组织、部门和个人协调一致的纽带和关键。在管理实践中，有时可以用"到什么时间完成什么目标"这样的模式来界定绩效目标。但是很多工作是持续性的和重复性的，没有明确的起止时间，很难界定。因此，目前对绩效目标的理解主要有两种：一种是将绩效目标理解为"绩效指标＋目标值"，如"完成年度销售额 300 万元"；另一种则是将绩效目标理解为绩效的行为对象，具体表现为一个动宾词组，如"增加团体客户总量"和"并维持战略伙伴关系"等。理解绩效目标的内涵，还需重视以下内容。

### 1. 绩效目标的来源

绩效目标的来源主要有两类：首先，绩效目标来源于对组织战略的分解和细化。客户价值主张决定组织战略的选择，合理构建和妥善传递的客户价值主张是绩效管理的精髓和核心。通过对组织战略的分解与细化，形成组织绩效目标、部门绩效目标和个人绩效目标来引导每个员工都按照组织要求的方向去努力，从而确保组织战略的顺利实现。其次，绩效目标来源于职位职责。职位职责反映了一个职位在组织中扮演的角色，即这个职位对组织有什么样的贡献和产出。职位职责相对比较稳定，除非该职位本身从根本上发生变化。

### 2. 绩效目标的差别

使用不同的绩效管理方法，对绩效目标的达到会有较大差别。在目标管理法中，绩效目标通常采用"绩效指标+目标值"的表述方式。在关键绩效指标法中，没有明确提出绩效目标的概念，不同层次的绩效计划通过指标分解建立起相互的联系。在平衡计分卡中，将绩效目标和绩效指标分开，绩效目标具体表现为一个动宾词组，在不同层次的绩效计划体系中，通过绩效目标的承接与分解建立关系，在一个绩效计划之内，强调绩效目标之间是一个具有因果关系的逻辑体系。

### （二）绩效目标的类型

在管理实践中，绩效目标比较常见的分类方式是依据绩效层次的不同，分为组织绩效目标、部门绩效目标和个人绩效目标。除此之外，还有其他几种常见的分类方式。

一般来说，企业的长期发展战略和经营计划是相对稳定的。绩效目标就是在它们的指导下，组织期望员工完成的、员工期望实现的一定绩效周期内的目标，是组织战略目标、团队目标与岗位职责在绩效计划中的具体体现。组织的整体目标指引着组织前进的方向，而员工的绩效目标也对员工的工作提出行动要求，员工据此在绩效周期内合理完成目标任务。员工的直接上级根据员工在绩效周期内完成工作的质量和进度，对员工的工作绩效进行评估。因此，制定科学、有效的绩效目标，能为后续的绩效管理工作奠定坚实的基础。一般来说，绩效目标可分为以下三种类型。

（1）按照绩效周期的长短，可以将绩效目标分为短期绩效目标、中期绩效目标和长期绩效目标。短期绩效目标是指在几天、几周或几个月内完成的绩效目标。中期绩效目标是指半年或一年，甚至一年多内完成的绩效目标。而长期绩效目标则是指完成时间更长一些，可能要2～3年，甚至更长时间，或者需要划分为几个关键性阶段的绩效目标。

（2）根据绩效目标的来源，可将绩效目标分为战略性绩效目标和一般绩效目标。战略性绩效目标来源于对组织战略目标的分解，强调激发组织内所有人的创造力，激励所有人采取新思维、新方法和新思路，为了实现这一目标，而群策群力、协同合作和共同奋斗。一般绩效目标则来源于组织系统内具体职责的要求，是指维持组织正常运行必须履行的日常工作。

（3）根据持续时间和内容的差别，还可以将绩效目标分为成就型绩效目标与标准型绩效目标。此外，以平衡计分卡为基础的绩效管理实践中，还可以根据绩效目标协同方式的不同进行分类。按照纵向协同的要求，可以将绩效目标分为承接目标、分解目标和独有目标；按照横向协同的要求，可以把绩效目标划分为共享目标、分享目标和独有目标。

## 二、绩效指标

绩效目标必须转化为可以直接衡量的绩效指标，这是绩效计划中具有较高技术含量的工作。绩效指标是员工日常行为的指挥棒，它设置得科学与否，在很大程度上影响着整个绩效管理系统的优劣。

### （一）绩效指标的概念

指标是指衡量目标的单位或方法，是指目标预期达到的指数、规格、标准。绩效指标是用来衡量绩效目标达成程度的标尺，即通过绩效指标的衡量来判断绩效目标的实现程度，必须包括行动、期望的程度结果、到期时间以及某种形式的质量和数量指标。绩效指标反映了组织对该职位工作的要求，是对该职位上每个员工工作赋予的基本目标值，是评价该职位上员工绩效的基准。由于绩效指标直接面向绩效评价，因此绩效指标也叫绩效评价指标或绩效考核指标。

绩效指标涉及某一个具体目标的诸多方面，如数量、质量、时间和成本等。质量是指目标完成得如何，通常包括有用性、响应度、所获得的效果（如问题得到解决的程度）、接受率、差错率以及客户反馈（如客户的投诉、差错率、回报）等。数量是指产出情况如何，包括产出量、产出效率、消耗成本等。时间，即要在预定的期限内完成，可分为遵守时间表的情况、工作周期以及最终完成期限（如时间表、进度报告）。成本，即指生产单位产品的成本是多少、投资回报率是多少等。

**（二）绩效指标的基本特征**

1. 独立性

独立性指的是绩效指标之间的界限应当清楚明晰，不会发生含义上的重复，这要求各个绩效指标必须具有独立的内容、独立的含义和准确的界定。指标名称的措辞要讲究，做到内容界限清楚，避免产生歧义，在必要时需要给出操作性的定义，做到含义具体、明确，避免指标之间出现重复。例如，"沟通协调能力"和"组织协调能力"中都有"协调"一词，但实际上针对的人员类型是不同的，含义也是不同的。"沟通协调能力"一般可以运用于评价普通员工；"组织协调能力"则主要针对管理者，用于评价他们在部门协调和员工协调中的工作情况。

2. 可测性

绩效指标之所以需要测量和可以测量，最基本的特征就是该绩效指标指向的变量具有变异性。具体来说，评价能够产生不同的评价结果。只有这样，绩效指标的标志和标度才具有存在的意义，绩效指标才有可能是可以测量的。另外，在确定绩效指标时，还要考虑到评价中可能遇到的种种现实问题，确定获取所需信息的渠道及是否有相应的评价者能够对该指标作出评价等。绩效指标本身的特征和该指标在评价过程中的现实可行性共同决定了绩效指标的可测性。

3. 针对性

绩效指标应该具有针对性，它应该从企业与员工的工作实际情况入手，切合实际，根据部门或岗位的具体职责内容为其设定具体的绩效指标。另外，还应针对具体绩效目标的不同，为其设定不同的绩效标准，以保证其针对性。

## （三）绩效指标的类型

一般来说，根据评估内容的不同，绩效指标可以划分为以下三种类型。

### 1. 工作业绩指标

工作业绩，就是指员工在工作过程中所作出的成绩，完成主管部门下达的各项经济效益指标和工作任务的情况。由于各单位的人力资源和工作任务以及各员工的技术能力不同。因此，每个人都有自己特定的关键绩效目标，即个人工作业绩指标。企业进行绩效管理的最终目的是提高企业的整体绩效，实现最初设定的目标。在企业绩效管理之中，工作业绩指标是十分重要的绩效指标。工作业绩指标通常可以反映出某个职位某一阶段的综合业绩，具体表现为完成工作的数量指标、质量指标、工作效率指标及成本费用指标。数量指标包括生产量、销售量、新产品开发数、维修产品数、销售额；质量指标包括合格率、出勤率、出错率、顾客满意度；工作效率指标包括采购周期、研发周期、生产周期、人员招聘周期、上市时间；成本费用指标包括采购成本、单位产品成本、招聘成本、新产品开发成本。

### 2. 工作能力指标

工作能力是指一个人在工作岗位之上所具备的各种能力，主要包括与工作相关的思维能力、知识能力、技术能力和行为能力。通常不同的岗位对人有着不同的要求，工作能力指标也应该因职位而异。在绩效指标体系中，工作能力指标还具有行为引导作用，它能够使员工了解自身岗位所应该具备的工作能力，了解自身的不足，从而不断提升自己，另外，工作能力评估的结果也能够帮助人事更加准确地了解员工的优缺点，从而作出合理的人事调整决定。

### 3. 工作态度指标

工作态度就是指员工面对所从事职业的看法以及在工作中所表现出来的行为举止方面的倾向。员工的工作态度往往与工作绩效有着很大的关联，所以要将工作态度指标加入到工作绩效指标体系之中。常见的工作态度指标有积极性、协作性、责任性和纪律性。

## 三、绩效标准

绩效标准是指组织期望员工在各个指标上所达到的程度。绩效指标提供了员工行动的方向，明确了员工应"做什么"，而绩效标准是对被考核员工在绩效指标方面应该"完成多少"或"做得怎样"的描述。可以说，绩效标准是对绩效指标的具体化。

### （一）绩效标准类型

绩效指标可分为量化和非量化的，设定非量化的绩效指标标准时往往要对该指标进行具体的描述。量化的绩效指标标准通常是一个范围，如果被考核者的绩效表现超出标准的上限，则说明被考核者作出了超出期望水平的卓越绩效表现；如果被考核者的绩效表现低于标准的下限，则表明被考核者存在绩效不足的问题，需要改进。绩效标准的类型有以下两种。

### 1. 根据指标性质分类

根据绩效指标的性质及其是量化还是非量化的，可以将绩效标准分为定性指标标准和定量指标标准。

（1）定性指标标准

由于定性指标无法精确衡量，往往是凭考核者的主观印象进行，所以容易出现评价结果失真的问题。但定性指标又是考核许多管理工作的重要绩效指标，能够得到任务完成情况在程度上的评价结果。定性指标标准的制定方法主要有三种：等级描述法、预期描述法和关键事件法。

等级描述法是对工作成果或工作履行情况进行分级，并对各级别用数据或事实进行具体和清晰的界定，据此对被考核者的实际工作完成情况进行评价的方法。预期描述法是考核双方对工作要达到的预期标准进行界定，然后根据被考核者的实际完成情况同预期标准的比较，来评价被考核者业绩的方法。关键事件法是针对工作中的关键事件，制定相应的扣分和加分标准，来对被考核者的业绩进行评价的方法，适用于能用关键事件充分反映被考核者工作表现或业绩的情况。

（2）定量指标标准

在确定定量指标标准时，主要有两种方法：加减分法和规定范围法。加减分法一般适用于目标任务比较明确，技术比较稳定，同时鼓励员工在一定范围内作出更多贡献的情况。需要注意的是，采用加减分的方式来计算指标值的时候，最大值应当不超过配分值，最小值则不能出现负数。规定范围法是经过数据分析和测算后，考核双方根据标准达成的范围约定来进行评价。

## 2. 根据绩效水平分类

根据绩效要达到的水平，可分为基本绩效标准和卓越绩效标准。设置基本绩效标准的目的是判断员工能否达到企业的基本要求，主要用于非激励性的报酬决策，如基本工资、岗位调整等。卓越绩效标准对被考核者没有做强制性要求，但通过努力，一小部分员工能够达到。卓越绩效标准的描述没有限度，是无止境的。能够达到卓越绩效标准的人，通常付出了大量的汗水或具备突出的能力。所以，卓越绩效标准不是人人可以达到的。设置卓越绩效标准的主要目的是识别角色榜样，提供努力的方向。随着技术和管理的发展，今天的卓越绩效标准会成为明天的基本标准。卓越绩效标准主要用来决定激励性的报酬，如额外的奖金、分红、职位晋升、潜力开发等。

### （二）绩效标准要求

绩效标准要达到稳定性和动态性的平衡。绩效标准是管理者和员工充分沟通后共同确定的，一旦确定，在外部环境没有发生重大变化的时候，应该保持稳定性。不能因为领导个人的喜好和意志的变化，对绩效标准随意调整，这会降低绩效管理的权威性。但是，当管理和技术大幅发展、外部环境急剧变化和竞争突然加剧等，导致原来制定的绩效标准不适应新形势的时候，就需要及时对绩效标准进行动态调整或修正。例如，一家生产型企业，因为引进大型先进生产设备，从而实现了生产率和产品质量的大幅提升，原来的卓越绩效标准变成了基本绩效标准，这就要求对原来的绩效标准进行及时调整。

## 四、行动方案

行动方案是指为实现具体的目标值而制定的有时间限制的、自主决定的项目或行动计划，旨在确定达到绩效目标的路径，其最终目的是达成组织战略目标。行动方案是目标、指标和目标值落地的具体实现路径，其完成质量会受到时间和成本制约，同时还受组织管理系统的影响。除企业财务目标之外，所有的非财务目标都应该配置具体的行动方案。行动方案之间的逻辑关系也受到绩效目标之间的逻辑关系的影响。在确定行动方案过程中，应该着重关注行动方案是否能帮助管理者和员工都达到规定的绩效标准，并确保各类行动方案相互配合与协同，从而有利于达成组织战略目标。组织层面的行动方案通常是战略性行动方案。战略行动方案与组织日常经营活动不同，是有时间限制的自主决定的项目或计划的集合，其直接目标是促进组织绩效目标的达成，最终目标是实现组织战略目标。在管理实践中，将长期战略规划与短期行动方案联系起来，保证战略执行力和协同性，有利于组织战略的顺利"落地"，但如何将两者紧密联系起来，则成了管理者面临的重大挑战。

# 第五节　绩效计划的流程

制定绩效计划既是实施绩效管理的起点，也是实施绩效管理的基础。科学的绩效计划，为后续工作的有序开展指明了方向。具体来讲，制定绩效计划的流程主要分为如下部分。

## 一、绩效目标的制定

绩效目标是绩效计划的首要内容。绩效目标的制定，需要在遵循绩效计划制定基本原则的基础上，严格按照目标制定的基本步骤进行，并把握制定过程中的关键点。

### （一）绩效目标制定的基本步骤

绩效目标的制定过程通常包括如下三个步骤。

第一，成立一个有高层领导参与的战略规划小组，确定和描述组织的愿景。在高层领导之间达成共识后，确定组织的战略目标。一个成熟的组织，可以直接根据组织的愿景和战略，结合组织的年度工作计划，制定组织的绩效目标。

第二，高层领导与其分管部门的管理者组成小组，提出各部门的目标，然后基于部门目标和部门工作计划，制定部门绩效目标。在制定部门绩效目标时，管理者需要注意部门绩效目标和组织绩效目标的纵向协同以及不同部门之间的横向协同。

第三，部门管理者与员工就部门目标分解和实现方式进行充分沟通，形成每个人的绩效目标。在这一过程中，管理者需要统筹协调每个人的工作内容，保证本部门的目标能够实现，同时也要保障双向沟通渠道的畅通和员工的发言权，并鼓励下级员工积极参与绩效目标的制定。通过保障员工的绩效目标与部门绩效目标的协同性和一致性，来确保个人、部门和组织目标的协同性和一致性，进而通过绩效系统，化组织战略为每个员工的日常行动。

## （二）绩效目标制定的关键点

在绩效目标制定的过程中，为了确保绩效目标的科学性和可操作性，绩效目标制定者还需要把握如下三个关键点。

### 1. 进行充分的绩效沟通

在制定绩效目标的过程中，管理者和员工需要进行充分、平等、全面的沟通。绩效计划制定中的沟通与承诺，主要体现为通过员工充分参与，提升员工对绩效目标的承诺程度和工作投入程度，从而提升目标达成的可能性。在传统的目标制定过程中，缺乏充分的沟通，采取上级给下级分配任务的方式，由组织的最高管理层制定组织的战略及目标，然后逐层分解到组织的各个层次；最高领导层的目标经常是一种充满激情的陈述，使用的往往是泛化的描述性语言，而下面每一个层级在接受信息时，必然加入自己的理解，经过层层传达，到一线人员所做的往往是与战略毫不相关的事，甚至反道而行。

### 2. 确保绩效目标的动态调整

绩效目标制定需要严格遵循 SMART 原则，先确定至关重要的绩效目标，同时避免绩效目标与日常工作计划等同。然后保证目标数量适中，绩效目标过少，则说明有重要的目标被忽略；绩效目标过多，则会造成工作繁杂，没有重点，或者是工作职责相互交叉和重叠。在建立了绩效目标之后，管理者与员工进行持续沟通，对已制定的绩效目标进行修正和完善。绩效目标是根据每个绩效周期的实际情况确定的，而现实情况处在不断的变化之中，因此，管理者应该注意对目标进行及时的动态调整，特别是在制定了分阶段的目标的情况下，这种调整应更频繁。

### 3. 管理者需要提高对绩效目标的认识

第一，确保绩效目标的可行性。管理者面对来自上级或客户的压力，这些压力对部门绩效目标常常有较大的影响，部门绩效目标又需要落实到员工个人绩效目标上。在这种情况下，管理者提出的绩效目标，就可能会超过员工的能力与资源的范围。如果员工没有最后的决定权或缺乏充分沟通，其常常会面对超出自身能力的绩效目标，因此而充满挫折感，并致使工作的积极性降低。

第二，需要清楚所有绩效目标都必须为组织战略目标服务，保障目标体系在纵向上的协同性和一致性。在绩效周期长短上注意长、中、短兼顾，并突出重点。

第三，不可将所有需要解决的问题都放在绩效目标之中。管理者必须清楚，绩效管理不是万能的，不能医治百病，更不能代替一切。绩效管理只有与组织的各种制度规范、组织文化、管理实践以及外部环境结合起来，才能充分发挥作用。

## 二、绩效指标设计

在绩效管理过程中，绩效指标扮演着双重角色，既是"晴雨表"，又是"指挥棒"，既通过指标衡量实现绩效状况，又对管理决策和员工行为产生指引作用。可以说，组织成员对绩效指标的正确认识和理解直接关系到绩效管理的成败。因此，绩效指标体系的构建是一项具有高技术性和挑战性的工作，管理者需要为此做全面的准备。

## （一）绩效指标的选择依据

在确定绩效指标的过程中，需要关注如下几个选择依据。

### 1. 绩效评价的目的

绩效评价的目的是通过对绩效指标的评价来促进绩效目标的实现，从而助推组织战略目标的实现。对绩效指标的有效监控和评价，可对员工行为产生正面的导向作用，但由于各部门或具体岗位的工作内容涉及的指标往往很多，对绩效指标的监控和评价不可能面面俱到。因此，绩效评价的目的是选择绩效指标的一个非常重要的原则。

### 2. 工作任务和绩效标准

每个部门或岗位的工作任务，在组织系统中有相对明确的规定，每个组织的总体目标都会逐步分解到具体的部门和员工身上。组织、部门和个人的工作任务（绩效任务）及绩效标准都应该事先有明确的规定，以确保工作的顺利进行和工作目标的实现。因此，绩效指标应该反映这些工作任务和标准，从数量、质量、时间上赋予绩效指标特定的内涵，使绩效指标的名称和定义与工作任务相符、指标的标度与绩效标准相符，这样的绩效指标方能准确地引导员工的行为，使员工的行为与组织的目标一致。

### 3. 获取绩效信息的便利程度

高绩效管理系统通常对各个环节有明确的要求：绩效监控应该方便易行；绩效评价必须有据可依、避免主观随意性；绩效评价结果应易于被评价对象接受。这就要求我们能够方便地获取与绩效指标相关的统计资料或其他信息，并且要求信息来源必须稳定可靠和获取信息方式必须简单可行。获取绩效信息的难易程度并不是可以直观判断的，通常需要在管理实践中进行小范围试行，并不断进行调整。如果信息来源渠道不可靠，也应该及时予以调整，以使绩效指标能够方便、准确地得到评价。有时，员工所从事的工作是不可量化的，这类工作绩效指标通常反映为"工作质量""与同事协同的情况"以及各种"特殊事件"等方面。

## （二）绩效指标体系的设计

绩效指标体系的设计是一项系统性的工作，要求指标的设计者必须系统、全面地认识绩效指标，使用科学的方法，选择合适的路径，并为每个绩效指标赋予合适的权重。

### 1. 绩效指标体系的设计方法

设计绩效指标体系的主要工作之一，就是依据准确、全面地衡量绩效目标的要求，在坚持相关基本原则的基础上，采用科学的方法设计合适的绩效指标。常见的设计绩效指标体系的方法，主要有以下五种。

（1）工作分析法

所谓工作分析法，就是指对需要完成各项工作的知识、技能、责任等方面的分析。具体来说，它主要包含任职资格与职位说明两个方面。所谓任职资格，是指对于员工的要求，员工要具备职位所要求的专业知识、工作技能、体力、智力、工作经验等。所谓职位说明，是指工作职位本身的信息，如工作性质、工作物理环境、工作社会环境、工作职责等。在制定绩效指标的过程中进行工作分析，最重要的是分析从事某一职位工作的员工需要具备哪些能力和条件，职责与完成工作任务情况应以什么指标来评价，明确这些能力和条件及绩效指标中哪些比较重要，哪些相对不那么重要，并对不同的指标完成情况进行定义。这种定义就构成了绩效指标的评价尺度。

（2）个案研究法

个案研究法是指对个体、群体或组织在很长一段时间内连续不断地进行深入、具体的调查研究，了解其行为发展变化，并从典型个案中推导出普遍规律的研究方法。例如，根据评价的目的和对象，选择若干个具有典型代表性的人物或事件作为调研对象，通过对其系统观察和访谈来分析确定评价要素。常见的个案研究法有典型人物（事件）研究与资料研究两大类。典型人物研究是以典型人物的工作环境、行为表现和工作绩效为直接研究对象，通过系统观察和分析研究来归纳总结出他们所代表群体的评价要素。资料研究是以描述典型人物或事件的文字材料为研究对象，通过对这些资料的总结、对比和分析，最后归纳出评价要素。

（3）问卷调查法

问卷调查法是一种十分常见的方法，在社会调查中使用广泛。调查者根据要调查的内容信息设计好调查问卷，然后将调查问卷分发给被调查者，之后再将这些调查问卷全部收集上来，通过对被调查者所勾选填写的信息进行分析研究了解被调查者的意见。在设计调查问卷的时候，可以将其设计为开放式问卷，也可以将其设计为封闭式问卷。开放式问卷是没有设计具体答案的问卷，被调查者可以自由发挥，畅所欲言，将所说的话、所提的意见全部填写在问卷上。封闭式问卷是设计有具体答案的问卷，一般情况下其答案的呈现方式可分为四类，分别是选择法、是非法、计分法、排列法，被调查者可以根据自己内心的真实想法来完成问卷。调查者在设计调查问卷的时候要注意题目不可设计得过多或过难，对于被调查者来说，调查问卷的题目过多，就会占用其过多的时间，从而使其感觉到厌烦，调查问卷的题目过于难，也会使得被调查者没有耐心做下去，从而影响调查问卷的调查质量与回收率。因此，调查者在设计调查问卷题目的时候要设计合理的题目数量，既不能过少以致无法了解全面，又不能过多使其厌烦，同时还要直观、易懂。

（4）专题访谈法

专题访谈法，就是指通过面对面交谈的方式获取所要得到的信息的方法。调查者与被调查者展开口头交流，调查者掌控全局，向被调查者提出问题，灵活性比较高，调查者不仅可以了解被调查者所给予的语言信息，还可以观察其行为、表情等外在表现，更加深入地了解被调查者，与其他方式相比，利用专题访谈法，双方所进行交流的层次也比较深入。不过，专题访谈法在时间、人力、物力等方面所花费的成本比较高，这是其不足的地方。

（5）经验总结法

经验总结法，就是指对实践活动中的具体情况、具体事实等进行总结归纳，最终提炼出其中的规律经验的方法。经验总结法可分为两类，分别是个人总结法和集体总结法。

## 2. 绩效指标体系的设计原则和路径

在具体设计绩效指标体系的管理活动中，管理者需要根据绩效指标的基础知识、基本理念和思想，设计出符合组织具体要求的绩效指标体系，以确保组织、部门和个人三个层次的绩效指标体系能有效地支撑组织战略目标的实现。虽然管理实践各不相同，但是明确绩效指标体系设计的具体原则和路径，却是绩效指标体系设计工作中普遍需要高度重视的两个问题。

（1）绩效指标体系的设计原则

绩效指标体系通常是由一组既独立又相互关联，既能衡量绩效目标又便于监控和评价的指标构成。绩效指标体系具有层次分明的结构，包括组织、部门和个人绩效指标三个层次；另一方面，针对每一个职位的绩效指标也具有层次分明的结构。无论采取何种分类方式，每一个职位指标都包含若干具体的绩效指标，都会形成一个层次分明的结构。为了使各个指标更好地整合起来，以实现评价的目的，在设计绩效指标体系时，需要遵循一些基本的设计原则。其中最常见的原则，有如下两条。

第一，坚持定量指标为主、定性指标为辅的原则。量化原则是绩效指标设计实践中的首要原则，一般通过执行 SMART 原则，以提高绩效指标设计的质量和效率。但是并不是所有绩效指标都能量化或好量化，因此还需要一定的定性指标作为补充。例如，根据不同职位的工作性质，人们往往会发现将所有绩效指标量化并不可行，这时我们就需要考虑设计定性指标；当然，对于定性绩效指标，也可以运用一些数学工具进行恰当处理，使定性指标得以量化，从而使评价的结果更精确。

第二，坚持"少而精"原则。这一原则指的是绩效指标需要反映绩效管理的根本目的，但不一定要面面俱到。应设计"少而精"的关键绩效指标体系，做到简洁明了和重点突出，便于监控和评价。所以，在制定绩效指标或者从绩效指标库中选择绩效指标时，需要确定或选取最有代表性的项目，从而简化绩效监控和评价过程。

（2）绩效指标体系的设计路径

设计绩效指标的一个重要标准是评价对象的工作内容和绩效标准。工作内容和绩效标准的区别，很明显地反映在个人的职位职能上。在制定处于组织中不同层级和职位的个人绩效指标时，我们需要使用不同的绩效指标和权重。在设计绩效指标体系时，通常要先设计组织绩效指标和部门绩效指标，然后通过承接和分解，分别获得组织高层管理者和部门管理者的绩效指标。具体来讲，绩效指标体系的设计路径，有如下两种。

路径一：针对不同层级的绩效目标设定相应的绩效指标。

管理层级是设计绩效指标体系纵向框架的依据。不管采用何种类型的组织结构，管理层级是必然存在的，只不过是从数量上有所差别而已。一般来说，一个组织可以划分为组织、部门和个体三个层级。相应的个体也可分为高层管理者、中层管理者和普通员工。由于不同层级的主体在纵向上存在着职责和权限的分工，因此，各自的绩效目标或者绩效目标的侧重点也存在着相应的差异。但是，由于组织、部门以及不同层级的人员通过绩效目标之间的承接和分解，来实现牵引、支持和配合。因此，各自的绩效之间目标大多存在一定的逻辑关系。绩效指标是用于衡量绩效目标的手段，它的设计和组合是以目标为导向的。因此，基于绩效目标在纵向上的逻辑链，我们可以建立起具有一定关联的绩效指标体系，如果上下级主体之间绩效目标相同，则其衡量指标也相同；如果下级目标是对上级目标的分解，就需根据目标细化的程度设置下级各员工的衡量指标，但是这些指标所评价的内容综合起来，应该能够大体上反映上级目标的绩效状况。另外，不同层级的主体有自己的特殊任务，需要独立完成自己特有的目标。相应地，这些目标的指标也是个性化的，与其他指标没有必然的联系。因此，我们可以从纵向上对指标进行归类，分为上下级的绩效指标共同的、有关联的或是独有的指标。

路径二：针对不同职位的特点选择不同的绩效指标。

职位类别是设计绩效指标体系横向框架的依据。在我国，由于没有建立起严格的职位职能分类标准，不同的企业对于职位职能的分类存在不同的看法。常见的职位类型包括生产类、工程技术类、销售类、研发类、行政事务类、职能管理类、政工类等，常见的职能等级包括经理、部长、主管、主办、操作工人等。但不论用什么样的称谓，最重要的是在企业的职位体系中，对这些不同的称谓进行严格的定义和区分，以便为人力资源管理的各方面工作提供一个准确的、可操作的职位平台。按职位职能标准进行绩效管理的前提就是在企业建立一个明确的职位系列，在分层分类评价时，不一定要严格按照这个职位系列来进行，通常，会对比较复杂的职位系列进行一定的合并。分层评价的层次究竟应该如何确定并没有明确的规定，具体的分类方式应该根据企业规模，特别是管理幅度和管理层次来确定。至于分类的标准，主要根据组织的生产经营对人员类别的需要而定。

为了更好地推行分层分类的绩效管理，可以将组织的职位系列体现为一个以职位类型为横坐标，以职位等级为纵坐标的矩阵图。

### 3. 绩效指标的权重设计

绩效指标的权重是指在衡量绩效目标的达成情况过程中，各项指标的相对重要程度。在设计绩效指标体系的过程中，不同的指标权重对员工行为具有不同牵引作用。确定各项指标的权重是一项非常重要的工作，也是一项具有较高技术要求的工作。权重设计通常需要注意影响绩效指标权重的因素和具体的设计方法两大方面的内容。

（1）影响绩效指标权重的因素

影响绩效指标权重的因素很多，主要包括以下三类。

第一，绩效评价的目的是影响绩效权重的最重要的因素。绩效管理是人力资源管理职能系统的核心模块，绩效评价的结果往往运用于不同的人力资源管理目的。不同的评价目的要求对各个绩效指标赋予不同的权重，但是关于权重的这种要求，并不需要明确到每个绩效指标。例如，将绩效指标分为工作业绩指标和工作态度指标这两个大类，然后根据不同的评价目的，明确这两个评价维度分别占多大的权重。

第二，评价对象的特征决定了某个绩效指标对于该对象整体工作绩效的影响程度。例如，责任感是评价员工工作态度时一个常用的指标，但是对于不同类型的员工来说，责任感这一绩效指标的重要程度各不相同。对一个保安人员来说，责任感是工作态度指标中权重最大的指标，而对其他类型的员工，责任感的权重就没那么大。

第三，组织文化倡导的行为或特征也会反映到绩效指标的选择和权重上。例如，以客户为中心的文化较为重视运营绩效和短期绩效，而创新型文化更为关注战略绩效和长期绩效，因此在指标选择和权重分配上两者会各有侧重。

（2）权重设计方法

在综合分析指标权重的影响因素之后，需要对每个绩效指标设计相应的权重系数。在通常情况下，指标权重设计工作是在统筹考虑各种影响因素的基础上，采用科学的设计方法，设计具体的权重系数。主要的权重设计方法有如下几种。

第一，专家经验判断法。专家经验判断法是最简单的权重确定方法。它是决策者个人根据自己的经验和对各项绩效指标重要程度的认识，对各绩效指标的权重进行分配。决策者可以召集相关人员和专家学者共同讨论，听取大家的意见，共同商定权重的大小。也可以请多个专家为每个绩效指标打分，然后取专家赋值的平均值为权重。这种方法基本上是基于个人的经验决策，往往带有片面性。对于比较简单的绩效评价工作，这个办法花费的时间和精力比较少，容易被接受。但在实际的应用过程中，应注意不同利益主体之间观点的平衡，避免决策专断的行为。

第二，权值因子判断法。权值因子判断法是指由评价人员组成评价专家小组，由专家小组制定和填写权值因子判断表，然后根据各位专家所填写的权值因子判断表来确定权重的方法。这种方法的实施一般包括组建评价专家小组、制定绩效指标权重因子判断表、专家填写权值因子判断表、对各位专家所填写的权值因子判断表进行统计，得出绩效指标权值等步骤。

第三，层次分析法。层次分析法是对人们的主观判断进行形式的表达、处理与客观描述，通过判断矩阵计算出相对权重后，进行判断矩阵的一致性检验，克服两两相比的不足。用层次分析法确定指标权重，一般包括建立树状层次结构模型、确立思维判断定量化的标度、构造判断矩阵、计算权重等步骤。

第四，加权平均法。传统确定绩效指标权重的方法是将绩效指标人为地划分为一定比例，这种方法在管理实践中常常出现权重分配不完全的现象。采用加权平均法来确定绩效指标权重，具体包括三个步骤：首先，将所有指标划分为三类，并赋予不同的权重系数，即全局性指标的权重系数为 5，局部性指标的权重系数为 3，事务性指标的权重系数为 1；其次，每个指标的满分赋值为 100 分，考核主体根据考核标准进行打分，经权重系数加权，得到每个指标的加权得分；最后，对所有指标加权得分进行求和，并根据指标数量对权重进行求和，取两者的商即为最终评价得分。这一思路的特点是所有指标的满赋值相同，同一指标的权重系数相同。其优点在于，指标的权重结构统一、简单，便于进行指标设计与管理；被考核对象的得分不受指标数量与权重结构的限制，避免了组织指标设计时常常遭遇的容量问题；指标赋值和权重系数的统一，便于对不同组织、岗位的绩效进行分析，也有利于指标权重分配保持一致性。当然，这一思路也有其难点，即如何科学划分指标类型，也就是说，明确哪些指标是全局性的、哪些指标是局部性的、哪些指标是事务性的，以及全局性、局部性和事务性的判断标准是什么。实际上，这些问题的根源在于考核内容本身，其破解之道依赖于考核内容的设计思路和质量。

## 三、绩效标准设定

在绩效管理实践中，绩效标准的具体表现有两种形式：一种表现为区间值；另一种表现为一个数值，即目标值。

### （一）作为一个区间值的绩效标准设定

绩效目标描述的是实现战略所必须做好的事项，绩效指标强调的是从哪些方面衡量绩效目标，具体来说是追踪和评价目标实现程度的"晴雨表"。绩效标准则指各项绩效指标分别应达到什么水平才符合组织的期望。绩效标准是绩效指标"晴雨表"的具体体现，在绩效管理实践中，通常反映为绩效评价结果在某个特定区间该达到的绩效标准。例如，某公司在年销售额这个指标上，具体的绩效标准为"达到 80 万～100 万元"，这个标准就表现为一个区间值。其他指标的衡量标准也可表现为一个区间。绩效标准通常需要特别注意可行性，与整个绩效计划协调一致，并直接面向绩效管理各环节。

虽然绩效标准可以分为最低标准和优秀标准两大类，但是通常用一个连续的绩效等级来衡量具体的绩效指标完成情况。要具体说明的是评分标准和等级描述实际上共同构成了绩效评价过程的标尺。评分标准的划分通常有四种形式：第一种是量词式，即采用带有程度差异的形容词、副词、名词等词组表示不同的等级水平，例如，好、较好、一般、较差、差。第二种是等级式，即运用一些能够体现等级顺序的词、字母或数字，表示不同的评价等级，例如，优、良、中、差等。第三种是数量式，即用具有量的意义的数字表示不同的等级水平，可细分为离散型和连续性两种。第四种是定义式，即通过语言描述的方式界定评价标准和等级。相对于前三种评价尺度而言，定义式的评价标准比较复杂，要求设计者针对每一个绩效指标的不同绩效等级进行具体描述，不仅要语言高度简练，而且要具体、准确，具有很强的针对性。尽管设计难度大，但是它能够有效地提高评价的客观性，更好地发挥评价的行为引导作用。因此，在绩效评价中得到了越来越广泛的应用。

## （二）作为一个数值的绩效标准设定

将绩效标准设定为一个具体的数值，有利于对绩效评价形成一个明确的标准。在平衡计分卡中，通常使用一个具体的目标值作为衡量绩效指标是否达成的标准。目标值是组织所预期的特定指标的未来绩效状态，通常决定了组织为实现既定目标的资源投入程度和员工努力程度。将目标值设定为一个具体的数值，要求在最低标准和优秀标准中取一个平衡点，即兼顾目标值实现的挑战性和可行性。由于目标的设置和指标的选择，在某种程度上带有一定的价值判断成分，员工即使有不认同的地方也不至于激烈反对。但是确定目标值和行动方案更多地依赖历史数据和客观条件，而且与员工的个人利益紧密相关，很容易产生分歧和争议。这要求目标值要能够引导员工行为，既有利于组织绩效的达成，也能得到员工认同和信服。设定科学合理的目标值，对于组织绩效的影响非常明显，但它的确是个艰难的过程。在管理实践中，掌握具体设计步骤和方法，对目标值的设定非常关键。

目标值的设定可以分为两个主要步骤：一是将整体的价值差距分解到每个战略主题；二是在每个战略主题内，根据战略地图因果逻辑关系分别设置目标值。

第一步，分解价值差距。目标值设定源于愿景描述，由于愿景是一个宏伟而大胆的挑战性目标，因而在现实和理想状态之间必然产生价值差距。管理层常通过执行战略来缩小这种价值差距。具体做法是，把价值差距分解到不同的战略主题。每个战略主题都会以一种独特的方式创造价值，并且它所创造的价值累加起来应该能弥补整体的价值差距。每一个主题的目标值都反映了该主题在支持和实现战略各组成部分过程中的影响力。例如，美国消费者银行在当前运营收入达 2 000 万美元的情况下，设立了"5 年内收入超过 1 亿美元"的挑战性目标。随后，它将这一价值差距分解到运营管理、客户管理、增长三个战略主题上。其中，为"运营管理"主题设定的目标值是，"降低 20%的单位客户的服务成本"，但仍然要提供始终如一的服务。为"客户管理"主题设定的目标值是"单位客户的收入提高50%"，实现途径是成为客户可信赖的财务规划者，向他们交叉销售多种金融产品和服务。为"增长"主题设定的目标值是通过卓越的绩效表现和创新的产品"吸引 40 万名新客户"。最后，再制定今后五年中每一年应该实现的目标值，根据这个时间进程表，持续到第五年年末，如果三个战略主题都达到目标值，那么，该银行就能实现"营业收入超过 1 亿美元"的预定目标。

第二步，运用因果逻辑关系设定目标值。这一步是将每个战略主题的目标值，进一步分解到主题内的战略目标。在具体设定目标值时，每个目标值的设定，应该和主题中其他战略目标的目标值形成因果关系。战略地图四个层面的目标之间具有因果逻辑关系，这条因果关系链提供了清晰的自下而上的战略可行性验证参考，从而提高了目标值设定的科学性和可行性。例如，美国消费者银行的客户服务战略主题在财务层面设定了"提高净收入50%"的挑战性目标。为实现这一目标值，该银行在财务层面还设置了"提升单位客户收入"这一子目标，目标值为20%，这个增长将为实现总体目标作出贡献。然后在客户层面则设置了减少客户流失率，目标值是25%，具体途径是改善客户服务要求，提升员工能力，要求服务水平提高30%。优秀员工是实现这些目标的基础，因此，设定了关键员工流失率降低20%的目标值。

除上述内容外，还可以运用标杆法设定目标值。目标值的确定在最初阶段主要是依赖管理者的经验判断，随着有关历史数据的不断积累，目标值将变得日益精确。尽管经验判断或多或少带有主观色彩，但还是有一些客观数据可以参考。通常的做法是设定标杆目标值，也就是说，在设定目标值时可以考虑采用指标的外部标杆。运用标杆法设置目标值就是一个对标的过程，即通过对比标杆找差距来设置目标值。参考公共数据、行业协会的数据或者查询公司数据库，公司可以确定它要达成的各项指标的绩效水平。如果公司的状况和那些对标的外部公司具有相似性，那么这些数据就成了公司目标值的参考值。但是在运用标杆法设置目标值的时候，需要认真考虑外部标杆产生的条件，及其与公司内部的实际情况是否具有可比性，应该避免将与自身情况差异巨大的外部优秀实践作为标杆。

## 四、行动方案的检验

行动方案是组织资源配置的指南。在各种行动方案确定之后，应该进行及时检验，以剔除不合理的方案，开发新的替代方案。通常，组织管理者在各种行动方案汇总之后，应该按照规范的流程进行正式评估，对正在执行的行动方案和新提的行动方案的优先级进行排序，并得出量化的分数，以筛选出高质量的行动方案。每个组织都应该设计适合组织实际的评价流程和标准。例如，某公司就按照战略匹配度与收益（50%权重）、资源需求（30%权重）以及组织能力和风险（20%权重）三个标准对其行动方案进行了排序。其中每个标准都进行了含义说明，并划分为三个等级，每个等级赋予 1、3、9 共三个不同分值。三个标准的得分分别乘以相应权重，相加之后就可以得到行动方案的总分，然后组织就可以根据每个方案的得分进行优先排序。制定绩效计划需统一组织计划和个人计划，上级应与下属员工进行积极、有效的沟通。制定绩效计划的过程会因企业、岗位、管理风格等因素而异，但其具体行动方案的制定一般都要经历以下几个步骤。

（1）制定、传达组织和团队计划

① 制定组织和团队计划

在组织战略的指导下，组织和团队的计划制定，一方面应该具有前瞻性，因而需要充分考虑外部环境因素；另一方面应该结合组织与团队的实际情况，因而需要认真分析内部条件因素。就后者而言，管理者无论制定什么层次的计划，都应尽量听取员工的意见，给员工充分参与的机会，为以后计划的顺利实施奠定基础。

② 传达组织和团队计划

要让员工对组织和团队的计划充分理解，可以通过多种形式向员工传达信息。例如，可以采用宣传栏、计划目标手册、广播、正式文件、办公自动化系统和各层级的沟通会议等形式。这样，员工通过直接参与和其他途径理解了组织和团队计划，就能将组织与团队的目标作为自己的行动纲领。

（2）审视工作说明书并分析岗位

员工绩效计划的制定既需要在组织与团队计划的指引下进行，又需要结合员工岗位的职责进行。每个岗位都有其特殊的岗位职责与任务。如果岗位已有工作说明书，则需要审视这些职责；如果岗位还没有工作说明书，则需要进行职位分析，撰写工作说明书并审查核实。审查工作说明书后，还需要对现行岗位进行分析，分析的内容一般包括：本职位在组织中或工作流程中的关键作用是什么；应从事哪些工作活动来帮助其实现在组织中的作用或上一级的绩效目标或下一道工序或客户（内、外部）的期望；目前该职位的工作结果是如何衡量的；客户（内、外部）对该职位的主要期望是什么；除了常规要完成的工作活动内容以外，还要完成哪些特殊项目来帮助实现上一级绩效目标及改进本职位工作流程。

（3）重新设计工作

工作设计是指专业人员为了有效地实现组织目标，合理地处理人、财、物、事、信息的关系而采取的与满足个人需要相关的工作内容、工作职责的设计。是否需要重新设计工作，一般需考虑以下问题：是否为新设立的岗位；组织外部环境、内部条件与组织目标是否产生变化；组织结构是否发生调整；岗位职责是否发生变化；岗位任职人员是否发生变动；岗位任职人员的需求、动机和素质状况是否发生变化。综合考虑组织内外环境、组织目标、岗位情况后，如果要对岗位工作进行重新设计，一般可以从三个方面考虑：工作扩大化与工作丰富化、工作满负荷、工作环境。

（4）明确员工在绩效周期内的岗位职责

工作说明书对岗位职责的描述一般是针对较长的一段时间（通常为 1 至 3 年）而言的，而且是笼统、全面与概括的。在一定的绩效周期内，员工的岗位职责只是工作说明书中的岗位职责的一部分，是由这段时间内的具体工作目标与工作说明书中的职责共同决定的。绩效周期内的重要工作职责（对这段时间工作价值的贡献最大）为工作要项。工作要项一般以实现业绩职责为主，是比较容易用定量指标来衡量的，它是员工绩效目标确立的基础，是关键绩效指标设定的基础。工作要求是指对员工在绩效周期内的品性、行为和能力方面的要求，也指执行某些工作要项的综合性要求，一般是难以量化的内容。

（5）制定员工绩效目标，确定绩效指标体系

制定员工绩效目标是开发和设计员工绩效管理系统的起始环节，也是十分重要的环节。绩效指标体系源自绩效目标，是绩效目标的具体化，一般由绩效指标、绩效标准、指标权重构成。绩效指标体系使考评的内容具体化、可操作化，在整个绩效管理周期中必不可少。

（6）拟定并选择可行的实施方案

明确了工作的绩效目标，还需要制定并选择可行的方案。一般是根据组织的外部环境、内部的资源条件、组织的战略目标、团队的工作目标、个人的绩效目标、个人本身的实际情况（如素质、技能、知识、人际关系、家庭环境、情绪与心理状态等）来制定和选择方案。可行的方案一般应该符合以下三个条件。

第　，以目标为导向。行动方案应该确保个人目标的实现是为了组织目标与团队目标的实现，不能因个人利益或局部利益而影响全局利益。

第二，具有灵活性。由于市场环境的复杂多变，也由于组织内部环境与个人情况可能会发生变化，所以制定和选择方案时应该考虑"替补"方案。

第三，具有可操作性。方案应该立足于现有环境与条件，不可建"空中楼阁"；同时，方案应该具备系统性，不可片面与孤立。

（7）形成绩效契约

绩效计划如果没有形成固化于文字的绩效计划表和内化于心灵的心理契约，而只是停留在口头的讨论或交谈之中，很容易以失败告终，从而导致整个绩效管理工作"流产"。

# 第五章
# 绩效考核的实施与结果应用

本章内容为绩效考核的实施与结果应用，分为五部分内容，依次是绩效考核的关键要素、绩效考核的指标提取方法、绩效考核的体系设计、绩效考核的实施管理、绩效考核结果应用。

## 第一节　绩效考核的关键要素

通常情况下，绩效考核的关键要素主要包含三部分，分别是工作态度、工作成绩及工作能力。这三者之中，工作成绩最为重要。

在员工绩效考核过程中，员工的工作态度主要指的是其对待工作的习惯性行为倾向，主要有工作责任感、工作纪律性、工作积极性、工作协调性、自我开发热情等。工作责任感是指员工要勇于承担工作责任，尽心尽力地完成工作任务，克服困难，按时完成。工作纪律性是指员工在工作期间要遵守公司的纪律规定，在工作时间不可偷懒，消极怠工，做与工作无关的事情。工作积极性是指员工要以积极的态度、热情饱满地完成各项工作，主动承担任务，主动思考探究，并针对不合理之处提出自己的意见等。

工作协调性是指员工在与其他同事合作处理工作事务的时候要有默契，能够与其他同事协调配合，完成规定工作，同时还要具有团队意识、全局观念和集体观念等。自我开发热情是指员工要热衷于自我成长，不断锻炼自己的业务能力，追求卓越，朝着自己制定的目标不懈努力。

工作成绩是指员工在预定期间内实际完成的工作成果，对员工工作成绩的考核主要可分为工作质量、工作数量、工作指导及工作的创造性四个维度。其中工作质量、工作数量很好理解，工作指导是指员工对于下属的业务指导与培养，对工作指导的考核是指员工对下属指导培养的质量与数量，工作的创造性是指员工在工作之中是否有创造性或创新性成果。

员工的工作能力包含基础能力、素质能力、业务能力三方面，通常情况下，员工的工作能力越强，其获得的绩效考核的结果也就越优秀。在对员工的工作能力进行绩效考核之时，往往并不需要对三方面的工作能力都予以考核，应主要针对员工的业务能力，这主要与员工本身所处的部门与职位有关，通过参考具体职务的员工素质模型和任职资格标准进行。

除了以上三种工作能力之外，针对特殊岗位还有特殊的考核形式，如针对协调配合要求比较高的岗位需要考核其周边绩效、对管理职位需要考核管理绩效等。

通常情况下，绩效考核是针对个人，周边绩效则是针对团队与组织，周边绩效考核主要可分为五个维度，分别是全局观念、部门协作及时性、维护和执行组织规章制度的程度、服务质量、执行本人工作任务以外工作的主动性。

管理绩效是与行使管理职能相关的绩效，包括管理决策的执行力度、沟通效果、工作分配、团队凝聚力、工作氛围、下属发展、团队学习力等因素。

确定具体绩效考核指标体系时，应针对具体职位要求，按照前述原则有所取舍和侧重，一般每类指标不要超过五个考核维度。

# 第二节 绩效考核的指标提取方法

绩效指标是绩效管理体系中非常重要的组成部分，因为指标就如大海上的航标，一旦选取错误就会直接导致企业运营方向发生偏移。另外 KPIs、KPIp、KPIo 的来源不同，其指标提取的方法也会存在差异，因此掌握指标提取方法就显得很重要。比如，有的企业考核制造部门生产成本下降率。从表面上来看，这个考核指标似乎很合理，因为绝大多数成本都是在制造环节产生的。但事实上，制造部门对成本的影响非常有限，如用什么材质的原料、用什么加工工艺、原材料价格控制、采用什么检验方法都不是制造部门可以左右的，而是研发部门、工艺部门、采购部门、品质部门已经确定好的，因此在生产成本控制方面单独考核制造部门是不全面的。同理，很多企业考核销售部门的一个指标为订单准时交付率。道理很简单，订单是销售部门接来的，销售部门也就理所当然对这个指标负责。但订单评审、计划安排、物料采购、工艺规范准备、产品线调整、设备检修、产品线工人培训、作业计划安排、仓储及物流等每个环节都会直接影响订单准时交付率这个指标。因此，可以认为订单准时交付率这个指标仅考核销售部门是有失偏颇的，上述每个对该指标产生影响的部门都应该对这个指标负责。

## （一）KPIs 提取

KPIs（Key Performance Indicators of Strategy，"基于战略的关键绩效考核指标"）来源于企业的发展战略及年度经营计划，根据罗伯特·卡普兰、戴维·诺顿的理论框架，指的是把企业战略实施策略或者年度经营计划分门别类地放到战略地图当中变成战略主题，再按照质量、数量、时间、成本等维度对每项战略主题进行量化。由于企业战略发展阶段和每个经营年度的策略不同，不同阶段战略地图中的战略主题也是不同的，因此 KPIs 经常会随着企业发展战略及年度经营计划的调整而发生改变。

## （二）KPIp 提取

KPIp（Key Performance Indicators of Process，基于流程的关键绩效考核指标）来自于公司流程。所谓流程，是指一系列的、连续的、有规律的活动，而且这些活动以特定的方式进行，并导致特定结果的产生。流程是"一系列的、连续的、有规律的活动"，这些"活动"是有先后顺序或并列关系的，同时这种先后或并列关系是连续和有规律的。流程"以特定的方式进行"，在流程运作的过程中，不同公司、不同发展阶段其"活动"之间的运作方式是不同的。流程"导致特定结果的产生"，流程的最终目的在于创造价值，也就是增值，这种增值可能是效率提升、成本降低、销售增加、利润增长、质量提高，也可能是客户满意、员工满意，这与每个流程的目的（流程绩效）有关。流程可以帮助企业高效、低成本、高质量达成客户需求，因此，KPIp 一般用于衡量企业满足客户需求的效率、成本、质量、客户满意度。另外，企业还需要注意，但凡是 KPIp 一定与多个部门或责任主体相关。

## （三）KPIo 提取

KPIo（Key Performance Indicators of Organization，基于职能的关键绩效考核指标）来源于部门职能，用来衡量部门职能是否有效履行，或者部门职能履行效果如何。针对每项职能可以用多个 KPIo，也可以只用一个 KPIo 衡量。关于 KPIo 的提取可以参考 KPIs 提取时用到的 QQTC 模型。

## （四）KCI 提取

KCI（key competency index，关键胜任能力）来源于公司能力素质模型，由于 KCI 是对人不对事的指标，因此 KCI 只与岗位任职资格中对任职者的具体要求有关，不同岗位对于 KCI 的项目要求不同，同时对 KCI 的级别要求也是不同的。

# 第三节　绩效考核的体系设计

绩效考核体系是由一组既独立又相互关联且能较完整地表达评价要求的考核指标组成的评价系统。绩效考核体系的建立，有利于评价员工的工作状况，是进行员工考核工作的基础，也是保证考核结果准确、合理的重要因素。

## 一、绩效考核体系的设计原则

### （一）以目标为导向

绩效考核体系的设计要坚持以企业的战略目标为导向。一方面，绩效考核与企业的战略目标密切相关，可以说，企业想要实现战略目标，必须通过绩效考核来对员工加以引导。另一方面，绩效考核想要发挥预期的效力，就必须充分体现企业战略规划的要求，得到企业政策与资源的支持。绩效考核体系是为企业实现战略目标服务的，因此，必须坚持以目标为导向的原则。

### （二）公平、公正、公开

一个企业的绩效考核体系，要想得到员工的认同，且能长期执行并发挥预期的激励作用，就必须坚持公平、公正、公开的原则；否则，不仅绩效考核不会发生效力，无法激发员工的工作热情，而且会导致企业管理出现偏颇，影响企业的整体发展。

### （三）循环改进

绩效管理是一个循环过程，即绩效管理、绩效考核本身不是目的，而是为了促进企业战略目标的实现、工作效率的提高及员工能力的提升的手段，这是绩效管理应该为企业带来的良性循环作用。因此，作为绩效管理核心工作的绩效考核，其体系的建立应该遵循循环改进的原则，即在实施过程中，不断完善，不断优化。

## 二、绩效考核体系设计应考虑的要素

企业要根据自己的实际情况设计绩效考核体系。企业情况不同，绩效考核体系所涵盖的内容与要素也不同，但从总体来看，企业的绩效考核体系要包含六大要素，具体如下。

（1）评价目标。企业通过实施绩效考核来衡量员工的价值，其目的是根据绩效考核结果来了解内部的人力资源情况，并据此优化人力资源配置，实现企业的战略目标。为了达到这一目的，企业要开展员工绩效评价与组织绩效评价。

（2）评价对象。员工是企业实施绩效评价的对象之一，员工绩效会对企业的整体发展产生影响。

（3）评价主体。评价主体通常是指承担绩效评价工作的人员。企业开展员工评价时，会在分析评价目的、评价对象、实施方式的基础上，将评价工作交给合适的人员承担。

（4）评价指标。企业要根据实施评价的目的来设置绩效考核的评价指标。在实施评价的过程中，对评价对象的"关键成功要素"，即评价对象为公司发展付出的努力进行重点考察，并通过评价指标来体现。

（5）评价标准。企业利用评价标准计算绩效评价结果，根据评价目的选择相应的评价标准。

（6）评价方法。企业根据评价指标、评价标准选择评价方法，并在实施期间对整个评价过程进行调整与把控。评价过程中使用的评价表格、评价日程表能够体现出企业采用的评价方法，如排序法、量表法等。

无定额员工承担的工作以例行事务为主，针对这类员工实施的绩效考核，难以对考核指标进行量化。在这种情况下，企业不必强求指标的量化，在设计考核指标时，选择定性指标，将考核指标进行层级划分，再对各级指标进行更加具体的划分，根据实际情况确定不同考核要素所占比例。在制定考核指标时，要对考核指标进行量化与细化处理，通过这种方式提高无定额考核的公平性，让员工认可最终的绩效考核结果。

## 三、绩效考核体系设计流程

绩效考核体系的设计流程包括三个步骤：第一步，分解企业战略目标；第二步，编制岗位说明书；第三步，设计绩效考核表单。

### （一）企业战略目标分解

根据企业的经营战略目标，将目标分解为部门目标，然后将部门目标分解到每个员工身上，确定员工的工作目标。这是企业战略目标分解的基本流程。一般情况下，考核周期内员工的工作目标以5～7个为宜，其中，企业决策人员的工作目标以企业的经营战略目标为主；部门管理者的工作目标则以部门目标为主。这些目标的完成情况是各级员工在考核期内的工作重点，也是考核他们工作成果的重要依据。分解企业战略目标是建立企业绩效考核体系的第一步，只有将企业整体目标合理地分解到每个岗位上，企业的绩效考核才能有正确的方向。

企业战略目标的分解一般是按照层级进行划分的。企业是由组织内各个部门组成的，各部门通过分析企业的战略目标，明确本部门需要达成的使命，根据使命确定本部门的绩效目标。然后，各部门对部门内部的岗位进行层级划分，一般都可以分为高、中、低三个岗位层级，并针对不同层级岗位的工作职责确定需要完成的目标。

### （二）编制岗位说明书

岗位说明书又称为职务说明书、职位说明书，是通过工作分析过程，用规范的文件形式对组织内各类岗位的工作性质、任务、责任、权限、工作内容和方法、工作条件、岗位名称、职种职级以及该岗位任职人员的资格条件、考核项目等作出的统一规定。简单来说，岗位说明书回答了以下两个问题：这个岗位做什么事或有什么职责；这个岗位要求什么样的人来做。它是人力资源管理中最基础的文件，是企业招聘录用、工作派发等各项活动的参考依据。岗位说明书的作用：为员工招聘与选拔提供依据；为薪酬福利的设定提供依据；为绩效考核指标的选取提供依据；分析组织结构的合理性；明确工作流程的节点控制；为员工职业生涯规划提供依据。

岗位说明书是明确岗位绩效考核指标的重要依据。在编制岗位说明书时，应该注意岗位说明书反映的是岗位本身，而非任职者，它指向的是工作任务而非个人。岗位在企业组织结构及工作流程中所处的位置，也是编写岗位说明书的依据，而且当组织结构发生变化时，岗位说明书也需要及时更新修订。通常，企业现有岗位说明书由任职者编写，由直接上级、人力资源部及外部顾问审核，由任职者、直接上级、副总经理共同确认定稿。企业新增岗位说明书则由直接上级编写，由人力资源部及外部顾问审核，由直接上级与副总经理共同定稿。

一份完整的岗位说明书应该包括基本信息、岗位概要、工作职责、任职资格、工作条件五部分内容。岗位基本信息具体包括岗位名称、岗位编号、所属部门、下属人数、直接上级、直接下级；岗位概要为简明扼要地对岗位进行概括性描述，说明岗位存在的目的；岗位工作职责是岗位主要工作内容的描述，按照先重要、后次要的原则逐项填写；岗位任职资格具体包括教育背景、工作经验、专业知识、能力素质及岗位相关其他要求；岗位工作条件具体包括工作环境、工作时间、使用的工具与设备及岗位其他相关条件等。

## （三）设计绩效考核表

绩效考核表是绩效考核的直接工具，是对员工的工作业绩、工作能力、工作态度以及个人品德等进行评价和统计，以及判断员工与岗位的要求是否相称的方法。它是前期绩效考核准备工作成果的直接表现，所以绩效考核表的设计影响着整体绩效考核工作的结果。但是，在对员工进行考核时，很多管理者设计出来的表单往往没有发挥应有的效力，反而挫伤了员工的工作积极性，影响了员工的工作效率。由此看来，科学地设计一份绩效考核表单是非常重要的。因为每个企业、每个岗位都有其特殊性，考核指标及其权重也各不相同，所以考核表应针对不同情况专门来设计。大部分情况下，考核表的设计都是从员工业绩、员工能力和员工态度三个维度来进行的。

### 1. 工作业绩考核表

员工工作业绩考核表一般包括：目前工作内容的完成情况、工作目标及自我评价、上级评价、业绩考核要素等。工作内容一般来源于员工的岗位职责和工作重点；工作目标是该项工作内容在周期内应该达成的期望结果；自我评价和上级评价分别是员工本人和直接上级就工作内容完成情况的评价；业绩考核要素部分主要是从工作数量、工作质量、投入成本和时效性 4 个方面对员工的工作业绩进行打分，以此确定等级。

## 2. 工作能力考核表

工作能力考核表是为了检测员工能否胜任工作岗位，员工的能力是否与岗位的任职要求相匹配，以及为了更好地适应岗位，员工应该在哪些方面提高到怎样的程度等方面的情况。由于不同岗位的特殊性，因此，员工的能力考核表不应设置统一的考核标准，而是应该为每个岗位量身定制，这样才能真正发挥绩效考核的导向作用，指导员工快速提高工作能力，使其能更好地适应岗位要求。

## 3. 工作态度考核表

很多公司都会关注员工的工作态度，将其作为绩效考核的一个重要部分。这是因为有能力不一定就会有好业绩，有好业绩不代表就是好员工。如果没有正确的工作态度，缺少把工作做好的意愿，再好的能力也只能是摆设。通常，员工工作态度考核表包括员工的团队协作意识、工作积极性、责任心及纪律性等。当然，在考核时，也可以根据岗位的特性增加新的内容。

一般来说，员工绩效考核表都为综合考核表，即将以上三方面的内容统一在一个表格中。

# 第四节　绩效考核的实施管理

## 一、填制绩效考核评价表

绩效考核评价表是用于对员工作出考核评价的衡量工具，一张完整的绩效考核评价表，应包含以下几方面的信息。

（1）员工基本信息。绩效考核评价表的表头应包含员工基本信息，包括被考核者姓名、考核者姓名及职位等信息。

（2）绩效指标及标准。绩效指标及标准是绩效考核评价表的重点内容，该部分明确了被考核者的考核内容项目。

（3）绩效评分。该部分通常由考核者填写，考核者要根据绩效标准及被考核者的绩效表现作出评价。

（4）考核总计。该部分用于对绩效考核的结果作出评分计算。

（5）目标结果说明。该部分主要用于对关键绩效结果或者因特殊原因导致绩效目标未实现的情况作出说明。

（6）签字部分。该部分是被考核者和考核者对考核结果作出确认并签字的区域。

在制作绩效考核评价表时，企业可以根据评估的需要增加或删减考核评价表的内容。

## 二、发布绩效考核启动通知

为了让员工明确绩效考核的实施时间，提前做好考核准备，企业有必要在考核正式开始前发布绩效考核启动通知，一份绩效考核启动通知通常要包含以下内容。

（1）绩效考核范围及时间，是指绩效考核的范围，以及绩效考核开始与结束的时间。

（2）绩效考核的原则，是指绩效考核实施的总体原则，一般包括公正公开原则、客观考评原则、全面考核原则等。公正公开原则：根据本考核周期的指标体系、标准及程序实施考核，确保考核公正公开。客观考评原则：坚持定性指标与定量指标、自我评价与上级评价的有机结合，确保考核客观真实。全面考核原则：将结果考核与过程考核相结合，结果考核重在考核工作绩效，过程考核重在考核工作行为，确保考核全面有效。

（3）绩效考核工作流程及节点安排，是指绩效考核的实施流程，具体为：召开绩效考核启动会、部门自评、上级评价、评分汇总。

（4）附件。在绩效考核启动通知的结尾，通常还会提供与考核有关的文件资料，如绩效考核办法、目标任务绩效考核表汇总等。

除以上内容外，企业还可以根据需要在绩效考核启动通知中加入考核方式与实施、考核等级确定、考核结果应用、部分材料提交说明等内容。

## 三、绩效考核数据的收集

收集考核数据是绩效考核实施过程中的重要工作，为确保绩效考核公正有效，各部门需保证绩效指标统计数据的真实性。

### （一）明确各部门数据收集责任

针对绩效指标考核数据，不同的部门有着各自的责任，具体职责如下所示。

（1）人力资源部要负责对绩效指标的标准、计算方式、权重及分值进行确定和解释，并对各部门提交的绩效考核评价表进行汇总统计。

（2）被考核部门要根据评定标准对绩效考核指标打分，并将考核数据提报给人力资源部汇总。

（3）绩效考核领导小组要负责对绩效指标的评分进行监督和检查，确保数据真实公正。

（4）针对人力资源部汇总的绩效考核数据，财务部要进行复核，确保数据统计正确无误。

### （二）被考评员工绩效行为的记录

评估者在对被考评员工进行绩效行为记录时，主要应关注以下两方面。

### 1. 与绩效考核指标有关的信息

评估者可根据绩效考核表列出的绩效指标，来记录与该绩效指标有关的信息，总体来看，针对绩效指标要收集的信息包括以下三类。

（1）工作业绩记录

它是指与工作业绩有关的目标和行为，如生产部员工的工作绩效考核指标有生产计划达成率、产品抽检合格率等，针对这些定量指标，评估者需要记录其目标和标准的达成情况。

（2）工作行为记录

一些工作行为考核指标，需要评估者通过观察的方式来记录，如按时参加各种活动和会议，并遵守会议和活动纪律这一考评指标，评估者可采用到会议现场观察的方式来记录员工的会议表现。

（3）第三方评价记录

对于一些无法直接获取的绩效指标数据，评估者需要通过第三方反馈来获取，如被考核者客户的评价、同事的反馈等。以客户满意度这一绩效指标为例，评估者可以向被考核者服务的客户了解该员工的服务态度、服务质量等信息。

除以上三类信息外，对于未达成要求的绩效指标，评估者要记录其绩效低下的具体行为表现及原因，为绩效评分和绩效改进提供依据。针对绩效优异的员工，评估者要记录其工作绩效优异的突出表现及产生原因，如优秀员工的工作方法、工作积极性等，为绩效奖励提供依据。

### 2. 关键事件或行为

在对员工进行绩效信息记录时，评估者要记录下与该员工有关的关键事件或行为，包括积极的关键事件与消极的关键事件。在对关键事件进行记录时，评估者要以事实为依据，准确记录该事件发生的背景、原因及结果。

### （三）有效收集绩效考核数据信息

评估者在进行绩效信息收集时，主要可以运用四种方法，包括观察法、工作记录法、相关人员反馈法和定期抽查法。

#### 1. 观察法

观察法是指评估者以日常观察的方式来进行绩效信息收集。评估者要运用好观察法，在日常工作中要养成观察的习惯，同时要学会适时做记录。在开展观察前，评估者可以制作员工绩效观察表，用于对观察结果进行记录。在观察的过程中，一般用眼睛、耳朵去捕捉，必要时可使用照相机、录音机等工具来辅助观察和记录。使用观察法时要注意，评估者应尽可能不引起被考核者的注意，同时不能干扰被考核者的日常工作。

#### 2. 工作记录法

工作记录法是指通过员工的工作记录来对员工绩效进行评估，如对销售专员岗位的客户拜访绩效指标进行评估，可通过查看客户拜访记录表来了解员工的绩效完成情况。在实践中，评估者使用的工作记录可以是由被考核员工提供的，也可以是其他部门提供的，如财务部、行政部等。

#### 3. 相关人员反馈法

当被考核者工作绩效的完成情况无法通过直接观察或工作记录来获取时，就可以采取相关人员反馈法来收集绩效信息。使用相关人员反馈法时，要找到熟悉被考核者的相关对象，然后通过电话沟通、问卷调查等方式了解被考核者员工的绩效表现。

## 4. 定期抽查法

定期抽查法是指对被考评者的某些绩效表现，采用抽查的方式来记录，比如针对生产部员工的产品质量指标，可采用一月两次产品质量抽查的方式来检测其产品合格情况。

### （四）提高绩效信息数据收集效率

在绩效信息数据的收集上花费精力过多，是很多企业在绩效考核过程中常遇到的问题，那么企业要如何提高绩效信息收集的效率呢？具体可采用以下方法。

（1）统一收集绩效信息数据。在确立绩效考核指标体系时，就可以对各绩效指标数据的来源渠道进行明确，明确各部门的数据收集职责，将绩效数据信息的收集责任落实到人。人力资源部可编制"绩效考核数据一览表"，将各部门的考核数据罗列清楚，规范绩效指标的提供部门、统计人等。各部门完成绩效数据收集工作后，人力资源部再统一收集整理考核数据，这样可避免各部门交叉提供数据导致数据信息混乱的情况出现。

（2）规范绩效信息数据采集流程。企业可以制定绩效数据信息管理办法，在管理办法中明确绩效信息数据的采集流程、统计周期及审核方式等。

### （五）确保绩效数据真实性的注意要点

在绩效数据信息收集的过程中，为了确保数据信息的真实性，企业要注意以下几点。

### 1. 建立绩效数据审查机制

企业可以建立绩效数据审查机制，来检查收集到的数据是否与员工的真实情况相符合。在进行绩效数据审查时，可以采用抽样法、其他部门确认的方法来检验数据的真实性，如销售部提供的销售收入指标数据，可由财务部来确认或审查；仓库环境良好率这一指标，可通过随机抽样调查的方式来了解其提供的信息是否真实。

### 2. 把握数据信息的时效

对于部分绩效信息，评估者应按照及时记录的原则来进行数据收集，如出货差错率指标数据，每出现一次出货差错情况，评估者就应如实记录下来。如果没有及时记录，就容易出现月末统计时只凭个人印象汇总，导致出货差错率数据统计不准确的情况。

### 3. 避免推测性判断

在对绩效信息进行记录时，评估者应以记录事实为原则，而不是记录对事实的推测，如某销售部员工经常未按时打卡，评估者主观地认为该员工的销售业绩肯定不好，在对该员工工作业绩进行评价时打了差评。推测性信息往往缺乏真实性，评估者应避免将推测的信息作为绩效评估的依据。

## 四、绩效考核的过程监控

过程监控是指对绩效计划的实施过程进行监督和控制，其目的在于确保员工、部门及企业的绩效目标顺利实现，同时及时发现绩效问题，进行绩效改进和辅导。

### （一）管理者进行绩效监控的主要任务

在绩效监控过程中，管理者主要承担三项任务，一是和员工进行持续的绩效沟通；二是收集绩效信息；三是提供绩效辅导。

### 1. 持续的绩效沟通

没有有效的沟通，绩效考核就会成为纸面上的考评，通过绩效沟通，管理者可以了解和发现员工在执行绩效计划过程中存在的问题，并及时进行调整，绩效沟通应贯穿于绩效监控的整个环节。

### 2. 收集绩效信息

准确地收集绩效信息是有效评价的关键，因此收集绩效信息是绩效监控环节的重要事项之一。

### 3. 绩效辅导

进行绩效辅导要以绩效沟通及收集的绩效数据信息为依据，其作用在于对员工进行持续指导，提高员工绩效水平。

上述 3 项任务也是绩效监控是否有效的关键点，在实践中，绩效监控的具体内容会因企业类型、部门、岗位特点的不同而有所不同。

## （二）绩效考核过程监控的方法

绩效考核过程监控的方法主要有三种，包括书面报告、绩效会议及走动式检查。

### 1. 书面报告

书面报告是指通过书面报告形式来了解员工的绩效计划执行情况，从而实现绩效过程监控。书面报告通常由下级填写完成后提交给上级，根据书面报告的提交时间是否有限制，可分为定期书面报告和不定期书面报告，如月度绩效监控报告和专项绩效监控报告。在绩效监控报告中，下级要对指标的达成情况、主要工作内容做简短说明，以让上级能够判断绩效目标完成的进度及质量，对于工作中做得好的地方，应举例说明，做得不好的地方应阐述原因，明确可以从哪些方面进行改进。通过书面报告，管理者可以在无法及时进行绩效沟通和检查的情况下对员工进行绩效监控，了解员工的绩效信息。在使用书面报告时要注意，报告内容要突出重点，不要有太多的文字说明，能够用数据来体现的尽量数据化，以让报告内容更直观。

### 2. 绩效会议

绩效会议是指通过会议的方式对员工的绩效完成情况及工作中存在的问题进行沟通。绩效会议可一对一进行，也可以一对多进行，在会议开始前，管理者要了解部门的重点工作，准备员工绩效计划（考核）表。在会议中应了解员工的绩效完成情况及存在的问题，同时进行记录，在该过程中可使用绩效会议记录表。

### 3. 走动式检查

走动式检查是指管理者通过到员工工作岗位实地考察的方式，来了解员工的绩效目标执行情况和问题。通过实地观察，管理者可以核查员工汇报的绩效信息是否真实，同时，可以发现员工工作中存在的问题。在使用走动式检查法进行绩效监控时要注意，走动并不是指到员工工作岗位逛一圈，而是要通过观察来搜集与员工绩效目标执行有关的信息。走动过程中，可以带着问题与员工沟通交流，这样能提高办事效率。

## 第五节　绩效考核结果应用

绩效考核实施结束后，如何将考核结果运用到企业管理实践当中是非常重要的一环。绩效管理能否成功，在很大程度上取决于绩效考核的结果能否得到有效应用。对绩效考核结果的应用，主要可分为两方面：一是应用于物质层面，如薪资、福利；二是应用于精神层面，如晋升、培训发展等。绩效考核结果如果应用得当，将会给企业带来巨大的价值，而员工对薪酬、岗位调动等的关注，也会促使企业重视绩效结果的应用。

## 一、绩效考核结果分析

绩效考核是人力资源管理的一种手段，在考核过程中和分析绩效考核结果的过程中，管理者可以发现企业管理中存在的一些问题。考核不仅是管理员工的手段，而且有利于消除企业存在的问题与误区，促进企业完善管理制度、优化管理流程。

### （一）绩效结果分析方法

#### 1. 横向比较

横向比较法是指在同一考核周期内以不同客体为变量进行的绩效分析。它既可以对同一员工或部门的不同指标进行比较，又可以对不同员工或部门的绩效进行比较。在比较的过程中，管理者可以发现此次考核中存在的问题，如指标设置、评价考核标准设置、考核周期等各个方面的偏差，及时进行调整，以便提高下次考核的质量。

#### 2. 纵向比较

纵向比较法是以同一客体为变量，对不同考核周期的统一考核指标进行的绩效分析，即对同一员工或部门在本周期内的考核结果与上周期或上几个周期的绩效结果与表现进行比较，分析绩效存在差距的原因及改进的措施。

#### 3. 流程分析

应用流程分析法应关注两个方面：一是及时性，绩效考核需要的各种报表是否及时编制并提交、绩效辅导与绩效面谈是否已及时进行；二是规范性，各种考核资料是否完整、考核过程是否严格按照程序完成、考核资料是否准确等。

### （二）部门绩效分析

部门绩效分析不仅包括不同部门之间的绩效等级比较，而且包括部门内部各个绩效要素的分析。

#### 1. 部门 KPI 分析

部门 KPI 分析就是指按照部门的绩效考核等级及 KPI 的完成情况，对企业内各个部门进行纵横排序。在统计各部门的绩效考核结果时，管理者可以清晰地看到各部门的绩效分布情况，确定出企业内部的优势与短板，进而重点提高绩效较差部门的绩效能力。

#### 2. 部门要素分析

部门要素分析即对部门内影响部门绩效的各个要素进行分析，确定部门绩效的分布情况和分布规律，找出部门存在的绩效问题，通过分析与研究，找到解决方法，进一步提高部门的整体绩效。部门要素分析可以从三个方面入手：一是部门内员工考核等级的分布情况；二是部门内员工考核分数的分布情况；三是部门内员工绩效考核结果的比较。

## 二、绩效考核结果的应用原则

### （一）以人为本

绩效考核应用要始终遵循以人为本的原则，考核者在对员工进行考核时，要全方位观察员工的工作态度、工作方法、工作能力等，以此来对员工进行评判，最终所得到的绩效考核结果也要向员工反馈。绩效考核并不是目的，而只是一种手段，通过将结果反馈给员工，员工可以更好地了解自己的工作状况，了解自己与既定的绩效目标的距离，反思自己是否有需要改进的地方等。绩效考核的最终目的就是提高员工的绩效能力，因此，绩效考核结果的应用也必须以此为导向。

绩效考核结果出来之后，企业能够更加清晰地了解员工的工作状态，然后据此做好计划，确定好目标，展开企业内部培训活动。企业根据员工的绩效考核结果，对员工进行针对性的培训，不仅能够促进员工的个人发展，也能为企业带来更多高素质、高能力的员工，满足企业和员工的发展需要，真正打造一支高素质的员工队伍。

企业还能够运用员工的绩效考核结果对员工进行激励，促使结果较好的员工再接再厉、更进一步，促使结果较差的员工不断努力，不断进步。在这个过程中，企业还要注意培养员工的集体观念和全局意识，个人的绩效并不单单与个人有关，还与团队、部门和整个企业有关，企业要注意平衡员工所在的组织内各成员的绩效，以免"个人英雄主义"情绪的产生，不利于团队、部门和整个企业的团结协作。员工个人的成长发展与企业息息相关，所作的贡献能够体现在企业之中，可以在企业发展中不断实现自己的成长与发展。

### （二）统筹兼顾

绩效考核结果是企业进行薪酬调整、人员调配、员工培训等各项人事活动的重要依据，对优化员工行为和企业人力资源配置，建立完善的竞争、激励、淘汰机制有非常重要的影响。正是由于绩效考核结果如此重要，影响着企业发展的方方面面，在应用考核结果的时候，要格外注意，要有全局意识，要始终坚持统筹兼顾的原则，全面、全方位、科学合理地使用，促使企业不断向前发展。

对于整个企业来说，企业绩效考核结果十分重要，具有非常大的应用价值，但是，有一些企业并没有考虑到这一点，仅仅将企业绩效考核结果与员工的奖金发放联系起来，给绩效考核结果比较优良的员工加薪，对绩效考核结果比较差的员工进行口头督促，严重忽视了绩效考核结果的其他作用。对于员工本人来说，除了奖金他们对于自身的成长与发展也有着一定的需求。企业如果仅仅只是给予员工期望的报酬，对其员工的个人成长发展方面的需求视而不见，那么员工就会心生沮丧。所以，企业应当在奖金发放、职务晋升、员工培训等多个方面统筹兼顾，满足员工的多方面需求，以充分发挥员工的潜能，促进其个人以及企业的成长与发展。

绩效考核最忌讳流于形式，考核工作搞得轰轰烈烈，而考核结果却一评了事，没有落到实处，评与不评一个样，好评差评一个样，那样绩效考核就失去了意义。绩效考核结果的应用是绩效管理的最后一个环节，也是相当关键的一个环节，必须要严格落实，这样才能确保企业的绩效管理真正地发挥作用。

## 三、绩效考核结果应用方向

绩效考核结果主要有两个应用方向，分别是价值评价和绩效改进。价值评价就是根据员工的绩效考核结果给予其应有的薪酬，对其进行晋升等等安排；绩效改进就是企业提供给员工与之相关的职业生涯规划、员工培训等等。以下针对绩效考核结果的应用方向展开细致探讨。

### （一）考核结果应用于薪酬

员工的薪酬体系中有一部分报酬是与绩效挂钩的，这就是绩效工资和奖金。将绩效考核结果直接应用于绩效工资与奖金的发放及薪酬的调整是许多企业最常见的做法。但是，由于不同岗位的工作性质不同，其绩效工资与奖金在薪酬体系中所占的比例也不相同。例如，销售人员的工资很大一部分是由绩效决定的，也就是由销售人员的销售业绩来决定的。而一般职能部门的工作人员，其工资所受绩效的影响就比较小。绩效考核结果应用于薪酬主要体现在两个方面：一是工资的调整，二是奖金的分配。

1. 工资调整

（1）绩效工资

通常情况下，企业之内员工的工资并不是固定的，其薪酬主要包含两部分，分别是固定工资和浮动工资，固定工资就是每月确定好的无法更改的那部分，而浮动工资会根据每个月员工的工作表现上下浮动，时常会发生变化。所谓浮动工资，实际上就是绩效工资，通常情况下，企业会根据员工每个月的绩效情况来确定其浮动工资的多少。企业通过绩效工资来对员工加以激励，激发其积极性，促使其不断实现企业所要求的目标，以获取更高的绩效工资。

绩效工资一般是根据岗位核心职能的绩效考核结果来确定的，一般按绩效工资基数乘以绩效考核设定的系数来确定。即：

绩效工资=绩效系数×绩效工资基数。

绩效工资是企业根据员工当期的业绩发放的，每个月都会重新进行计算，并不会累积。因此，员工要想每个月都获得较高的绩效工资，就必须每个月都努力工作，完成企业要求的目标。

绩效工资制是一种比较传统和有效的管理方式，但它并不是万能的。它虽然在一定程度上有利于激发员工的积极性，促使企业更快地完成既定目标，但是还存在着一些问题。绩效工资鼓励员工之间的竞争，如果企业没有良好的文化引导，那么员工与员工之间很可能会发生矛盾，影响互相之间的合作与团结，不利于企业的向前发展。因此，对于那些需要团队合作才能有好的产出的企业来说，在使用这种方法时要尽可能谨慎，如果使用不当，就会造成很严重的后果。另外，有时候还会发生员工个人的绩效比较高，而部门、企业的整体绩效降低了的情况，这主要是员工的绩效与部门、企业的绩效不一致所导致的，在这种情况下，对于员工来说，绩效工资就无法发挥其应有的激励作用。

（2）绩效加薪

一般来说，企业绩效加薪主要有以下三种方式。

第一，以绩效等级为基础的绩效加薪。这种方式下，加薪幅度只和员工的绩效考核等级相关，通常情况下，员工的绩效考核等级越高，其加薪幅度就越大，反之则越小。这种以绩效等级为基础的绩效加薪相对来说设计与处理比较简单，没有那么复杂，同时企业也更容易掌握和控制成本预算与加薪幅度，便于其管理。但是，由于加薪幅度完全依据绩效考核等级，而没有将员工的基本工资考虑进来，所以，在绩效等级相同的情况下，基本工资高的员工的绝对加薪幅度要高于基本工资低的员工，前者的薪酬增长较快，会逐渐拉大企业内部的薪酬差距，影响企业内部的团结与合作。

第二，以绩效等级和相对薪酬水平为基础的绩效加薪。相对薪酬水平包括两种：一种是外部相对薪酬水平，指员工当前薪酬水平和市场平均薪酬水平的差距；另一种是内部相对薪酬水平，指员工当前薪酬水平在企业薪酬等级体系内的位置。决定员工绩效加薪幅度的条件有两个：一是员工的绩效考核等级；二是员工薪酬对比率。当员工的薪酬对比率相同时，绩效优秀的员工比绩效较差的员工的加薪幅度大；当绩效考核等级相同时，薪酬对比率越低的员工，绩效加薪幅度越大。这样的方式有利于企业薪酬成本的控制，维持企业薪酬结构的完整性，不至于使企业内部薪酬差距过大，影响员工的团结与合作。

第三，以绩效等级、相对薪酬水平和时间变量为基础的绩效加薪。这种方式比较复杂，在参考绩效等级和相对薪酬水平的基础上，又引入了时间变量，表现优异的员工可能半年就能加薪，而表现相对较差的员工可能一年、两年之后才能获得加薪的机会。这种绩效加薪方法强化了绩效与加薪之间的联系，对绩效优秀的员工及时加薪，有效地激励了员工的绩效行为。

（3）绩效加薪表的设计

绩效加薪的幅度并不是仅仅参考绩效考核结果，想加多少就加多少，只有严格按照程序进行，才能够科学公正，保持企业内部薪酬的平衡与稳定。一般来说，绩效加薪表的设计有以下六个步骤。

第一，确定绩效加薪预算。绩效加薪预算是指企业给全部员工基本薪酬的增加幅度，通常用当前员工基本薪酬总和的百分比来表示。例如，一个企业批准了 8% 的绩效加薪预算，当前员工基本薪酬总和为 1000 万元，那么绩效加薪预算就是 80 万元。虽然员工的绩效加薪幅度是由员工的绩效等级来决定的，但是仍会受绩效加薪预算的限制，即所有员工的加薪总额不能超过加薪预算。所以，在设计绩效加薪表时，需要综合企业内部的情况，达到员工绩效加薪增幅与企业绩效加薪预算的平衡。

第二，明确员工绩效考核等级分布，也就是统计各个绩效等级内员工的占比。

第三，确定企业内部员工薪酬等级分布，也就是员工在企业薪酬体系内各四分位的占比。

第四，确定加薪表单元格内员工百分比。将员工绩效等级分布比例与员工薪酬等级分布比例相乘，确定绩效加薪表中每个单元格内的员工比例。

第五，确定绩效加薪比例。确定每个单元格内绩效加薪的比例，并根据绩效和薪酬等级分布对加薪比例进行调整。

第六，审查与调整。将每个单元格中的加薪比例乘以员工分布比例，所有乘积之和应该等于总的绩效加薪比例。根据绩效加薪预算情况，对每个单元格中的加薪比例进行调整，直到每个单元格中的加薪金额的总和与绩效加薪预算总额基本一致。

### 2. 奖金分配

有些企业还会针对员工的绩效考核结果分配其绩效奖金，同绩效工资的目的相同，都是为了发挥绩效考核的激励作用。不过，绩效奖金与绩效工资也存在着差别，绩效奖金往往是企业根据员工的年度绩效考核结果来奖励给员工的，而绩效工资往往是企业根据员工的当期绩效表现来发放的。通常情况下，与绩效工资的发放相比，绩效奖金的发放没有那么灵活，要更加严格，以企业的绩效考核周期作为依据来进行。但是，有时候也并不需要那么严格，可以采取一种比较灵活的方式对员工进行表彰，如企业可以给那些在某方面特别优秀或者有突出贡献的员工发放特殊绩效奖金等。

### （二）考核结果应用于人员调配

人员调配是指人员的工作岗位、工作职务、工作单位等的改变，通过绩效考核结果，企业可以了解不同员工的工作状况，分析其哪方面做得不好，哪方面做得最好，其是否适合这个岗位，或者其更适合哪个岗位等，因此，企业可以根据绩效考核结果来对员工进行人员调配，以使每个员工都能够处于适合自己的岗位上，确保人尽其才。绩效考核结果与企业人员配置之间的关系紧密，互相之间具有影响作用，要想真正地确保每个人与所在的岗位的相匹配，就必须建立一套完善、系统、科学的人力资源管理制度。绩效考核结果应用于人员调配主要有三方面的内容：一是岗位调整；二是员工淘汰；三是员工招聘。

### 1. 岗位调整

根据员工的绩效考核结果，对其进行岗位调整，主要有晋升、降职和调岗三种形式，下面分别针对这三种形式进行简要叙述。

（1）晋升

岗位晋升主要是针对那些绩效考核成绩比较好的员工，为表现出色的员工开辟晋升路径，这是一种十分常见的策略。但是，仅仅是绩效考核结果十分优秀并不一定适合对其进行晋升，企业要对员工的性格、工作能力、学历背景、业绩情况等多方面进行综合测评。不同的职位需要不同的能力，有时候员工在这个职位上作出了突出业绩，在另一个职位上可能就会平平无奇甚至绩效很低，如果企业只是依据员工的高绩效对其进行晋升而不考虑员工其他方面，那么对于员工来说只是无效晋升，不仅失去了其优势，还有可能给企业带来很多不好的影响。另外，企业的晋升制度一定要公开、公正、透明，人人都可以看到，否则很容易引发其他员工的不满和猜疑，从而使得员工的忠诚度下降，不利于企业的正常运行。

（2）降职

降职通常是针对那些绩效考核结果比较低的员工，在对这些员工降职的时候，要注意做好心理辅导工作，调节员工的情绪，维护员工的自尊，以免员工的情绪出现剧烈的波动，不利于其正常工作。应在对员工进行降职之前先找其谈话，让其有充分的思想准备，同时还要给出清晰的理由和说明，使其信服，这样才能更好地平复员工的心情，使其更好地面对下一个岗位的工作。

（3）调岗

调岗，就是指企业内部员工的职位转变，这主要是针对企业内绩效考核结果不好的员工。企业通过对员工的绩效结果进行分析以及与员工的面谈，大致熟悉了员工绩效不佳的原因，有的是因为员工本身不努力、不勤奋，有的则是因为其本身并不适合这个职位，这时候企业要根据不同的员工情况加以处理。对于那些不适合这个岗位的员工，企业要根据员工的性格、能力等将其安排在合适的职位上，从而更好地发挥员工的能力，同时也提高其工作绩效。另外，在进行调岗的时候，在有证据表明员工不适合当前职位工作的时候，企业不能够单方面拍板决定，直接对员工进行岗位调整，还要适当听从员工的意见，如果员工并未有这部分想法或者不同意调整，企业要综合各方面情况进行分析。当然，如果企业与员工二者都想调整岗位，那么企业就可以直接进行岗位调整，

根据绩效考核结果进行岗位调整，一定要符合企业的人力资源发展规划，有计划、有原则地进行，遵循有空缺才有调整的原则，不能为了奖励优秀员工而打乱企业的人力资源配置规划，导致频繁调动岗位，对企业的正常业务产生影响。同时，岗位调整一定要公平、公正、公开，严格按照企业的绩效管理制度进行，避免因操作方法的不当而导致员工对企业的不信任。

### 2. 员工淘汰

很多企业都会根据绩效考核结果进行末位淘汰，淘汰那些不能胜任工作的员工。在这方面，《中华人民共和国劳动法》有明确的规定："劳动者不能胜任工作，经过培训或者调整工作岗位，仍不能胜任工作的，用人单位可以解除劳动合同，但是应当提前 30 天以书面形式通知劳动者本人。"需要注意的是，企业采用末位淘汰制是有一定法律风险的。在绩效考核中，员工排在末位不可以作为员工不能胜任工作而被淘汰的依据。通常，在实行末位淘汰制时，必须注意以下三点。

第一，企业要证明员工不能胜任劳动合同约定的工作任务或低于同工种同岗位人员的工作量。用绩效考核的成绩与正常水平相比，如果考核成绩严重低于正常水平，则能证明员工不能胜任本职工作。但是，企业不能故意提高定额，设置过高的考核标准，导致员工无法完成。这就要求企业设置明确的绩效考核制度，确定岗位的工作标准，包括在什么情况下可以判定员工不能胜任工作，这样才能避免引发劳动争议。

第二，对末位员工，企业必须提供相应的技能培训和岗位调整的机会。

企业培养一个员工不容易，招聘成本较高，因此，对绩效表现欠佳的员工，企业应给予第二次机会，安排培训或者调整岗位。要注意的是，岗位调整必须合理，不能脱离员工之前的工作，比如，不能让之前做设计的人员调岗去做销售。由于企业对业绩不达标的员工多采取向下调岗的方式，因此，经常会出现员工不服从安排、拒绝调岗的情况。此时，企业可以通过劳动合同及企业规章制度中的相关规定，判定员工拒绝岗位调整属于严重违纪行为，依法与员工解除劳动合同。

第三，经过培训或调岗后，员工依然无法胜任工作，企业可以与员工解除劳动合同，即提前 30 天以书面形式通知或额外支付员工 1 个月工资，并向员工提供关于下一份工作的指导与建议。

事实上，并不是每个企业都适合实施末位淘汰制。一般来说，中小企业对末位淘汰制的需求要小于规模大的企业，垄断性行业的需求要低于竞争性行业，强调团队协作的企业要弱于其他类型的企业。因此，在实施末位淘汰制时，企业应从自身的特点出发。

### 3. 员工招聘

员工的绩效考核结果还可以用于员工招聘，无论是内部选拔还是外部招聘，都可以此为依据，在企业的选拔与招聘过程中，绩效考核的结果发挥着极其重要的作用。

（1）内部选拔

内部选拔在规模大的企业中比较常见。当企业出现职位空缺时，管理人员首先会想到用内部选拔的方式来解决这个问题。内部选拔主要有两种形式：内部提升和内部调用。

第一，内部提升，意思就是将企业内部处于较低岗位的符合企业需求的人才提升至某个现在空缺的较高岗位。而要选择哪个员工晋升，这与员工的绩效考核结果有关。企业通常会综合考虑各个员工的绩效业绩与绩效能力，在其他指标相近的情况下，通常是绩效考核结果比较好的员工拥有内部提升的机会。这种根据员工的绩效业绩与绩效能力进行内部提升的方式，为员工提供了一条正规、合理、看得见的上升途径，能够调动起员工的积极性，促使其奋发向上，更加努力。同时，从企业内部选拔人才进行提升，能够保留住企业的大部分员工，减少人才流失。绩效业绩是过去行为的结果，业绩优秀表明该员工能够胜任目前的职位，但并不能够证明他有能力胜任即将选拔的职位。很多企业都出现过这样的情况：对绩效考核结果优秀的人员进行职位提升，却发现他不能胜任新的职位。因此，在把绩效考核结果作为选拔参考依据时，也要将员工能力作为参考依据，这样才能够提高人才选拔的有效性。

第二，内部调用，意思就是将员工调动到目前空缺的同一级别甚至下一级别的岗位上去。这种内部调用的方式属于企业内部人员的合理调动，可以由员工自己主动申请，也可以由公司提出。与在公司外部招聘的人员相比，内部人员对于企业的业务流程比较熟悉，能够迅速掌握工作内容，更好地实现企业人力资源的合理配置，同时还节省了成本。同样，在进行内部调用时，管理者仍然需要与员工进行沟通，告知员工调动的目的，尤其是将员工向下一级调动时，要注意避免使员工产生大的情绪波动，从而影响企业的正常业务。

（2）外部招聘

企业内部员工的绩效考核结果除了对内部选拔有用之外，对外部招聘也可以起到参考作用，下面针对绩效考核结果对外部招聘的作用进行简要叙述。

第一，对应聘者进行筛选。在公司内部，人力资源部的工作人员借助绩效考核结果已经对各个岗位人员的绩效情况有了大致了解，通过一系列的笔试、面试之后，工作人员已经对来公司面试的应聘者的各项情况也有了一个大致的了解，其将公司内部的绩效考核情况与应聘者的具体表现进行对比，然后选择出适合空缺岗位的人。例如，通过对企业内前台岗位的绩效特征进行分析发现，优秀的前台要有耐心、工作有条理、认真、能够熟练操作计算机、英语口语较好等，那么，在招聘同一职位的人员时，相关人员就可以此为标准进行筛选。绩效考核结果提供了选拔员工的标准，提高了招聘员工的素质，节约了招聘成本。

第二，检测招聘有效性，具体来说，它是指企业招聘到的人员的特点、品质与其本身所需要的人员的特点、品质的符合程度，其符合程度越高，有效性就越高。对于企业来说，招聘新员工有不小的成本，如宣传成本、广告成本等。如果最终招收到的员工并不符合企业需要，那么这些成本便被白白损失掉了。因此，对于企业来说，招聘的有效性十分重要，如何花费最小的成本获得最高的有效性，是每个企业都非常关心的问题。判断企业对应聘人员的素质测评和其他筛选手段是否科学有效，需要等新员工工作一段时间之后，再对其进行绩效考核，然后将其绩效考核结果与一开始招聘之时的测验结果进行比对分析才能得出结果，如果二者之间误差较小，那么就说明企业的招聘方式和测评题库比较科学有效，可以用作招聘之时的参考；如果二者之间相对误差较大的话，那么就说明企业的测评题库与招聘方式存在着一些不足之处，从而导致招聘有效性较低，需要对其加以改进。

### （三）考核结果应用于培训与开发

通过绩效考核结果，企业可以发现员工的优势与不足，更加了解员工，可以将其应用于培训与开发，这主要包含两个方面，分别是员工培训和员工职业生涯规划。

#### 1. 员工培训

企业可以根据员工的绩效考核结果来对其短板加以培训，从而提高其短板工作能力，促使其绩效得到提高。

（1）确定培训需求

在实际工作中，很多企业虽然都会根据绩效考核结果来确定员工培训需求，但是在具体执行中，没有收获预期的效果。主要原因是没有找到员工的短板，在对员工进行培训的时候，培训的内容都是员工已经精通熟练的内容，不知晓员工真正需要培训的是哪方面内容，满足不了员工的培训需求，这自然就收不到成效。根据员工的绩效考核结果，企业可以从外部障碍、工作态度、基础知识、工作技能、工作态度等多个维度来进行考察分析，从而最终确定员工的短板，确定其培训需求。

（2）确定分工职责

对员工进行的培训往往需要三方共同参与，这三方分别是企业管理者、企业员工，以及人力资源部工作人员。要确定好三方的分工职责，才能够更加有效地对员工进行培训，三方的分工职责如下所示。

第一，企业管理者要将绩效考核结果、相关数据与意见反馈给员工，对员工在工作表现进行分析，了解员工的培训需要，并对此提供支持。

第二，员工要通过绩效考核结果、相关数据与管理者的意见正视自己，了解自己，找出自己的短板，明确自己的培训需求并与管理者进行讨论，为自己制定新的发展计划，不断提升自己。

第三，人力资源工作人员要根据企业管理者的意见与员工的培训需求提供有针对性的课程，同时为企业管理者提供专业的咨询和建议。

（3）采取多种培训方式

员工培训包含多种方式，除正规培训课程之外，还有以下五种。

① 阅读：阅读专业书籍、文章和专业期刊等，获取专业知识。

② 观察：观察公司内部和外部专业人士的优秀行为与方法。

③ 模仿：模仿专业人士的思考方式。

④ 咨询：从上级、同事和其他人员那里获取建议。

⑤ 讲座：参加专业讲座或者协会活动，及时掌握领域内的新动态。

（4）设计培训方案

对员工的绩效考核结果加以分析诊断之后，可以了解员工本身的短板，然后据此设计出与之相契合的培训方案，有针对性地对员工展开培训。

① 对于存在外部障碍的员工，企业管理者与工作人员要尽可能地加以援手，帮助其渡过难关。

② 对于工作态度方面存在问题的员工，工作人员要了解影响其工作态度的原因，是缺乏自信过于焦虑，还是对企业文化与企业氛围缺乏认同，还是与企业价值观存在分歧，只有了解了影响其工作态度不佳的真正因素，才能够对症下药。

③ 对于基础知识、基础技能方面比较缺乏的员工，工作人员可以对员工的知识与技能展开培训。

## 2. 员工职业生涯规划

企业的成功离不开全部员工的共同努力，每个员工都是企业的一部分，是企业不断向前发展的人才基础，企业的发展与员工的职业生涯规划也在一定程度上存在着关联。企业可以为员工提供职业生涯的规划建议，将员工的绩效考核结果应用于人才开发之中，促使员工个人明确自己的发展道路，使其得到成长与发展，同时这也可以提高员工的忠诚度，使企业拥有更加强大的人才基础。绩效考核结果应用于员工职业生涯规划具体体现在以下三点。

（1）职业定位

职业定位是职业生涯规划的第一步，也是最基础、最重要的一步。如果定位出现错误或是出现较大偏差，就必然会使员工职业生涯中遭受挫折。简单来说，职业定位就是明确一个人的职业发展方向，而绩效考核结果则是明确员工职业发展方向的关键。企业在运用绩效考核结果帮助员工明确职业定位时，应具体做到以下三点。

第一，定位自我。如果一个人不能够准确地定位自己，不清楚自己的优势和短板，而盲目跟风投入一个不适合自己的行业，那么他的职业生涯一定会举步维艰。因此，不妨先认识一下自己，再决定职业方向。定位自我可以通过四个维度进行，即：Like（喜欢做什么）；Fit（适合做什么）；Best（擅长做什么）；Can（能够做什么）。

第二，定位行业。在确定进入某一行业之前，要主动、全方位地了解目标行业现状和前景，毕竟在一些成熟的行业中，人才趋于饱和，想要有长久的发展会比较困难。而一些新兴的朝阳行业，会提供较多的发展机会。通常，仅仅依赖报纸、杂志或网站来了解一个行业是远远不够的，当下，各种信息爆发式发展，世界日新月异，要想获取某个行业内部更为准确和专业的信息，需要向该行业供职的友人多询问行业的最新动态、薪资情况、升迁制度等。

第二，定位方向。定位发展方向，要先行挖掘自己的职业气质、职业兴趣、职业能力结构等方面的因素，找到自己的职业潜力集中在哪个领域。只有找准方向，才能最大限度地开发和发掘自己的潜力。

（2）目标设定

经过上述三个方面的定位之后，未来职业的选择范围和方向已经大致确定，接下来就需要着手设定一个具体而切实可行的职业发展目标。在确定职业发展目标的时候，要注意难度适中，不可过于困难，也不能过于容易，过于困难会使人缺乏自信心，过于简单又会使人缺乏积极性，都不利于职业发展目标的真正实现。同时，还要注意职业发展目标要与自身所处的内外环境相适应，避免过于自卑或过于理想化，要设定一个合理、可行的职业发展目标，这也是制定职业生涯规划的关键。绩效考核结果是辅助员工设定职业发展目标的关键。

（3）职业通道设计

设定好职业发展目标之后，就需要根据目标制定好职业发展计划，职业发展计划又可以被称为职业通道。设计职业通道需要企业管理者、企业员工和人力资源部门共同参与。企业员工根据自身的基础条件以及职业发展目标提出自己的想法，管理者根据员工的兴趣和倾向对其加以评估和指导，辅助其职业通道的设计，人力资源部门负责对员工的职业发展计划的未来发展加以评估。一般来说，员工职业通道设计需建立在绩效考核结果基础之上。因此，职业通道设计应采用以下三种模式来进行。

第一，横向职业通道。顾名思义，就是指对企业内员工进行横向调动，级别不升不降，对其工作部门加以转换。这种横向工作轮换的模式适合企业内员工没有较多晋升机会时使用。通过工作轮换，员工能够了解各不同工作部门的工作运转模式和业务流程，更加了解整个企业的运行发展，提高其自身的综合能力与素质。

第二，双重职业通道。这种职业通道主要是针对专业人才所设计的，通常情况下，大部分企业员工的晋升主要包含两类：一类是沿着管理生涯通道进行，逐渐从普通职员升到高级管理的职位；另一类是专业人才通过专业生涯通道来实现晋升，逐渐从普通技术员升到高级技术员的职位。同一级别的管理人员和技术人员是平等的，员工可以自由选择两种职业通道内的一种来实现晋升。这种通道设计适合专业技术人才和管理人才较多的企业使用，能够保证企业既聘请到具有高技能的管理者，又招聘到具有高技能的专业技术人员。

第三，多重职业通道。这种职业通道与双重职业通道有些类似，不过它对专业人才的晋升通道进行了细分，将针对专业人才的专业生涯通道分为了多个技术通道，从而形成了员工的多重职业通道。对于员工来说选择空间更大，发展空间也更为广阔，员工可以选择适合自己的职业发展通道，实现自己的职业发展目标。

在员工的职业生涯设计过程中，企业也发挥着重要的作用，主要集中在两个层面：一是为员工提供指导，二是为员工提供实现职业发展目标的平台。企业可以从以下三个方面参与员工的职业发展。

（1）企业可以与员工进行交流沟通，通过了解员工的个人发展规划，来了解其发展需要，分析其发展需要中与企业发展需要相契合的部分，然后指导员工的职业发展。每个员工或多或少都会进行职业生涯规划设计，企业要根据其发展需要从中选择合适人选予以录取或晋升，同时企业还应考虑哪些人能满足企业的需要；企业有多大的平台能否满足员工的发展；双方合作的潜力有多大等。

（2）在现代企业管理中，为了更好地对企业员工进行管理，更好地促使员工可持续发展，促进企业良好运行，管理体系与管理制度必不可少。对于员工来说，有效的企业管理机制能够更好地对其进行约束与激励，激发其创造性与积极性，同时也能够为其良好持续发展提供必要保障。员工可以通过横向与纵向两个渠道来发展，横向如薪酬，纵向如职位，企业需提供相应的职位、权责、待遇、福利等，尊重并帮助员工的职业发展。

（3）企业可以通过多种方法引导职工正确认识自己，同时不断提升自己，如工作加压、轮岗锻炼、及时评价、培训进修等，要为员工提供一个发展平台，挖掘其潜能，引导其找到真正与自身相契合的职业发展道路。同时，在企业内部创造出公平、进取、和谐、平等的氛围，形成强大的精神动力，让员工在这种文化氛围的影响下不断发掘自己的潜力。

# 第六章
# 绩效管理类型分析

本章内容为绩效管理类型分析，主要围绕绩效管理结构分析、绩效管理流程控制要点、国有企业绩效管理效能提升研究、公共服务型国有企业绩效管理分析、市场竞争型国有企业绩效管理分析展开论述。

## 第一节　绩效管理结构分析

绩效管理结构是包括企业制定绩效计划、确定绩效目标、构建评估指标和标准、进行绩效评估、公布评估结果、运用评估结果改进绩效等环节在内的综合系统，其结构要素包括绩效计划、绩效实施、绩效评估、绩效反馈与改进等，缺失任意一个都会阻碍绩效管理的进程。所以，在绩效管理过程中，应重视每个环节的工作，并将各个环节有效地整合在一起。

作为绩效管理的起点，绩效计划是绩效管理体系中非常重要的构成部分。绩效计划主要是根据组织战略目标、各个工作部门的业务重点与工作职责，确定与组织成员在一定期限内应该完成什么任务、达到什么样的绩效目标的过程。因此，企业绩效计划主要包括企业战略规划，以及根据战略规划确定企业绩效目标，并将企业绩效目标逐层地分解到各个部门、岗位以及每个员工，这样就形成了一个绩效目标系统。

绩效目标一定要明确，它应该是从公司的日常工作中提炼出来的，能够实现公司长远的策略计划。绩效目标主要是指企业及其员工在行使职能过程中应当获得的产出与社会效果。值得注意的是，企业绩效目标不是企业制定的自身规则的体现，应当反映和体现员工的利益与意志。另外，在绩效计划中，还要计算出需要多少资源才能实现目标。所以，绩效计划必须为实现目标而提供所有资源，其中包含技术、人力、物资等。

绩效实施在整个绩效管理系统中处于中心地位，也是绩效管理中耗时最长、最关键的一个环节。绩效实施的过程实际上贯穿于企业和员工提供产品和服务的全过程。绩效实施主要包括两方面的内容：一是持续的绩效监控，二是绩效信息的收集与分析。

要保证绩效管理实施实现预期的绩效目标，并在实施过程中不断了解企业服务质量和工作效率情况，就需要持续地进行绩效监控。绩效监控主要包括三个步骤，首先确定绩效标准，也就是绩效计划当中的绩效目标，然后将实际绩效与标准进行比较，了解偏差之后采取管理行动来纠正偏差或不适当的标准。绩效管理系统中，绩效计划是动态的，需要随时发现不合理和过时之处并及时调整。持续的绩效监控可以在一个绩效周期内随时获取有关改善工作的信息，并就随时出现的变化情况作出新的计划。

绩效信息的收集和分析是指系统地收集有关企业组织和人员等方面的绩效信息并对此进行科学分析。绩效信息的搜集并非限制于特定时间段内，而是在整个绩效管理过程中贯穿始终，融入每个步骤。这主要是为了是获取已完成任务和目标达成情况的相关信息，以便于进行绩效评估，并为其他策略提供有力的数据支持。因此，所收集的信息必须全面、客观与真实。

企业绩效评估是指根据绩效目标，运用评估指标对企业员工进行评估与划分绩效等级的过程。企业绩效评估主要包括内部评估和外部评估。内部评估主要为上级部门对下级部门以及分支机构和所属员工绩效的评估，对促进企业发展具有十分重要的意义。

绩效管理是以"结果"为导向的，最重要的一个目的就是利用绩效评估结果明确组织绩效优势和劣势，从而对症下药改进企业员工绩效。这是传统绩效考核和绩效管理的重要区别所在。因此，绩效评估完成后，必须将评估结果公开和反馈，并且根据评估结果，采取措施去改进企业员工管理绩效。

绩效评估的结果要向被评估的企业员工反馈，其目的是向外界公开企业的工作绩效，进而帮助企业领导者进一步熟悉企业各部门的工作进度、效果及存在的主要问题。

# 第二节　绩效管理流程控制要点

企业绩效管理效果不佳，往往是因为企业管理者、企业员工对绩效管理有着错误的认识，甚至很多绩效管理工作者也有不正确的认识。以下这些误区，是企业管理最应该突破的障碍，也是每一个绩效管理工作者应该努力消除的阻力。

## 一、不能将绩效管理仅归于人力资源部门

在企业绩效管理的过程中，常常会出现这种情况：公司高层非常关注绩效管理工作，而人力资源部门也非常努力地开展这项工作。但是，各部门领导和员工并没有充分了解绩效管理的重要性，错误地觉得这只是人力资源部门的职责。有些部门经理觉得填报绩效考核表会妨碍日常工作的进度，另外，还有些觉得作为直系领导参加下属的业绩评估无法保证结果的公平性。因此，他们总是倾向于让人力资源部门设立考核小组来考察员工。

受此思想的影响，一些部门，特别是业务部门，对绩效考核经常表现出不耐烦的态度。若企业缺乏实施力度，业务部门的绩效考核通常只是一纸空文。持这种错误观点的人不在少数，甚至许多企业的领导层也这么认为。

其实，正确的认知应是：人力资源部门在绩效管理中担任组织协调职责，而各级管理人员则是绩效管理的主要参与者，他们既是被考核者，也是下属员工绩效管理的责任人。

那么，应该采取什么措施来纠正企业内部领导和员工的这种观念呢？首先，需要确保领导和员工都能够意识到管理的重要性。其次，应对管理者进行培训，尤其是在绩效管理方面提供相关方法和技巧的培训，以提升管理者的素质和企业的管理水平。最后，着眼于企业文化的培育，增强公司的执行能力。只要公司领导层坚定地推进，下属的管理者和员工就会逐渐接受并实施绩效管理。当绩效管理得到深入实行时，各级管理者、员工都会从中受益，进而为各级管理者及员工所重视。

## 二、不能将绩效管理简单视为绩效考核

许多企业在开展绩效管理的时候，通常不能深刻地了解其理念，只是觉得绩效管理就是绩效考核，把绩效考核视为规范员工的办法，甚至以为绩效管理就是填表格，盲目运用考核结果来决定员工的去留和薪酬的调整。久而久之，员工认为所谓的绩效考核就是人力资源部门在挑毛病，这会导致员工为考核而工作，进而产生许多不必要的担心与焦虑，影响正常的工作效率。这样，企业的绩效管理工作不仅没有发挥效力，反而限制了企业的发展。

实际上，绩效管理与绩效考核有着显著区别，绩效考核只是绩效管理过程中重要的一环。绩效管理是一个完整的循环系统，还包括辅导沟通、考核评价、结果反馈等环节。如果其中任意一个步骤缺失，绩效管理都不会获得最佳的效果。绩效管理的目标是提升部门和个人绩效，它并非仅仅

通过发奖金或涨工资等手段来激励员工努力工作，这些手段只是为了调动员工的积极性。而绩效考核旨在准确评价部门和个人的绩效表现，以便进行奖励或惩罚。

## 三、不能利用绩效考核来挑员工毛病

在管理实践中，许多管理人士习惯将绩效考核视为一种挑毛病的方式，处罚不符合标准的员工，并提拔和奖励表现突出的员工。尽管有些片面，但这种想法体现了绩效考核的重要理念，即寻找员工存在的不足之处。但是，绩效考核的目的并不仅在于奖惩员工，更重要的是促进绩效管理的完善。它的关注点在于发现缺点，以此完善后续的绩效管理，并非单纯地挑毛病。

在绩效考核中，管理者与员工最好的关系，应该是互助与合作的伙伴关系，考核主要是为了企业与员工双方的受益、共同发展，强调企业与员工的可持续发展。在绩效考核中，员工可以对自己的优势和不足作出准确的判断，并对自己的目标进行调整，进而提升个人的发展空间。而且，绩效考核在一定程度上体现了企业文化。合理科学的绩效考核，不仅可以优化企业的组织结构，提升企业的整体绩效，而且能在企业内部营造出一种积极向上的工作氛围，对员工和企业都会产生非常积极的影响。

## 四、不能忽略辅导沟通在绩效管理中的作用

绩效管理非常强调交流、互动，特别是劳资双方的交流，还强调企业、部门和员工构成统一体。有效的辅导沟通，能将企业的战略目标正确地传达给各个岗位的工作人员，使企业上下对战略目标从内心产生认同，并为此而共同努力。若要达到预期的辅导沟通效果，必须注意以下六点。

（1）谈话要直接而具体。开始时，最好先谈反馈记录表中双方容易达成共识的问题，把容易引起对方不同或反对意见的问题留在最后。谈话的

内容应该比较具体，如缺勤、迟到、质量记录、检查报告、残次品或废品率等。

（2）不要直接指责员工。辅导沟通时既要指出进步又要指出不足。对员工的批评越厉害，员工的抵触情绪就越大。批评应该在私下场合进行，而且应当具有建设性。可以向下属提出一些关键性的问题，并引导性地提供一些关于如何做的建议和这么做的理由。

（3）鼓励员工多说话。辅导沟通一定要是双向的沟通。在辅导沟通过程中，考核者的主要角色是倾听者、引导者，引导辅导沟通的方向和主题，多提一些开放型的问题，鼓励下属多发表自己的观点，鼓励他们对自己过去一段时间的工作进行考核。

（4）记住辅导沟通的重点和目的。在辅导沟通过程中，考核者要牢记重点和目的，围绕重点和目的来进行。辅导沟通的内容以绩效、激励为主。如果下属提出好的看法或意见，应立即给予肯定和赞扬，激发他的谈话兴趣；当下属提出问题时，要给予指导意见。

（5）该结束时立即停止。当谈话该结束时就结束，无论进行到什么程度都不能迟疑，否则既会影响到这一次的辅导沟通效果，还可能使双方产生厌烦心理，影响到下一次的辅导沟通效果。

（6）对待具有防御心理的下属，理解并解除其防御心理是一种很重要的面谈技巧。要避免刺激对方的防卫机制，应把话题放在员工行为上，而非将焦点放到人身上。

## 五、不能忽略绩效考核的导向作用

绩效管理的目的首先是提高绩效，因此在设置绩效考核各项指标时应该与企业的战略导向一致，选取能体现员工绩效能力的指标。例如，某部门经理在考核绩效方面很烦恼：如何判断绩效的优秀程度？哪些方面的绩效需要进一步完善？是否有明确的标准？就像工作中常见的情境一样：有些员工虽然很卖力地工作，但由于基础不够扎实，所以工作效率相对较低；有些员工具有创新能力，在工作中展现出胆略，但偶尔不注意细节，忽略一些细部问题；有些员工的工作表现一般，但是擅长英语，在工作过程中起到了很大的作用。所以，合理的绩效评价确实很有挑战性。

实际上，绩效考核应该反映出企业的战略导向，只要是与企业发展战略相一致的行为，都应该得到相应的回报。若公司希望加大业务拓展的力度，那么对于业务拓展的行为就应该给予支持；若公司面临业务压力的挑战，那么优秀的员工应得到更多的奖励。因而，绩效管理必须符合企业的战略导向。

在现实绩效管理的过程中，还存在一种常见问题，即对考核指标全面性及准确性的要求非常高，基本上将所有的工作都作为考核指标的内容，并详尽制定了每一个员工的工作要求和标准，毫无遗漏。但是这种考核方式无法凸显重要事项，难以体现企业战略导向的特点。过于强调全面准确的指标体系，会导致最关键的业绩指标失去应有的重要性，从而削弱绩效考核对员工行为的指导性。

## 六、不能忽略员工与企业发展战略的关系

企业的发展战略与经营目标是制定企业绩效计划的核心参考项，决定了企业在一个绩效管理周期内的发展方向。但是很多管理层、员工甚至是绩效管理人员都认为，基层员工没有必要知道企业的宏观战略目标。

其实，这种觉得只有高层管理者才需要了解公司发展战略的观点是不正确的。员工和部门的绩效计划应该与企业的绩效计划相统一，以实现企业目标。因此，公司员工需要了解企业的发展战略。在制定绩效计划时，要向所有员工传达公司的发展战略，确保员工都理解并朝着其发展方向努力。这样，员工才可以明确个人的绩效目标，并对其工作方向有准确的理解。

# 第三节　国有企业绩效管理效能提升研究

作为企业管理的重要组成部分，绩效管理是提升企业效能和市场竞争力的核心因素。在当今时代，政府非常注重国有企业的绩效管理，颁布了一系列战略文件，旨在促进国有企业全面进行绩效管理。这些政策文件为国有企业加强绩效管理提供了导向。国有企业绩效管理指的是国有企业为实现其战略目标，而采取不同的方法和措施来调动员工主动性、创新性，并提高其工作水平的一系列活动。在管理时，应关注对员工工作成果产生影响的因素，其实质就是以员工为中心的管理工作。

## 一、国有企业实施绩效管理的意义

### （一）有利于提升国有企业的业绩水平

制定合理的绩效管理制度有助于管理者快速地进行绩效管理工作，促进企业业绩提高。在以往的国企管理模式下，大多数员工工作的主动性都很低，主要原因是没有明确的工作目标，也没有明确的个人业绩指标。利用绩效管理，国企能够指导员工建立起一种正向的业绩理念，激发他们的积极性，促使他们在工作中完善自我，使他们的工作效率得到提升，进而使公司的总业绩得到提高。

### （二）有利于提升国有企业的竞争力

实行绩效管理并建立客观的评估体系能够提高国有企业的竞争力，帮助其更好地与其他企业竞争，实现更好的发展。此外，依据评估结果，管理者能够更有效地规划和调整资源配置，以更好地进行人岗分配，激发员工的潜能，加强企业的竞争优势。同时，建立一套严格的评估标准和激励机制，能够促进员工的成长，并且能够有效促进企业的内部创新，为企业的智力资本的实现创造了更充分的条件，在此基础上增强了企业的竞争力[①]。

### （三）有利于促进国有企业经营目标的实现

加强绩效管理对于国有企业实现经营目标至关重要。绩效管理是一种对企业绩效进行识别、度量、跟踪和改进的管理方法。制定科学的绩效指标和考核体系，可以对企业各项业务进行全面、系统的考核和评估，设定绩效目标并将之与奖励体系挂钩，可以激励员工追求卓越表现和卓越结果。具有挑战性的目标和公正的激励体系能够促使员工提高绩效水平，从而推动企业的整体发展。

## 二、国有企业绩效管理实施现状

当前，我国国有企业已意识到了绩效管理的价值，并推动了科学管理理念的运用，以及尝试利用业绩管理手段，激发员工的工作热情，以此留下出色的员工，从而达到公司的战略目的。

### （一）KPI 考核仍然是绩效管理的主流方式

国企作为一种不同于其他企业的经济体制，经营效率较低，采用传统管理方式，通常会出现"大锅饭"等现象，因此难以形成科学的管理制度，同时，要想实现科学的绩效管理，必须有管理制度，有一个与之相适应的管理体制，所以在绩效管理方面，国企并没有太多的选择余地。当前我国国企的绩效考核仍以 KPI 为主要手段。企业在运用这一手段时，通常将部

---

① 郭玉杰. 国有企业绩效管理存在的问题及优化思路 [J]. 投资与创业，2023，34（6）：134-136.

门及个人工作规划、公司分配季度/月度内容、部门职责与岗位说明书视为重要的评价考核指标。尽管在欧美国家，平衡计分卡和 360 度考核等绩效管理方法已十分普及，并在实际工作中积累了丰富的经验，形成了许多成功的实例，但我国企业在应用的时候，典型的实例相对较少。这主要是因为我国国有企业具有独特的性质，国企的管理基本上都是由国家任命的高级管理者来进行，难以建立起一套类似于西方的管理制度，所以在绩效考核中就采用了 KPI 这一方法。

### （二）360 度考核应用仍处于实践阶段

360 度考核法是目前国内企业普遍使用的一种考核方法，但相关部门对其的调研显示，该法的成效不大。尽管 360 度考核成效并不十分显著，但是，在企业的实际经营中，仍然十分愿意应用这样的绩效管理法。这主要是因为 360 度绩效考核能够更好地检查员工的业绩，并且将被评价员工的优势、不足通过考核的结果反馈出来，以实现提升被评估员工个体能力的目标。但是，很多人力资源经理却不太喜欢 360 度考核，这是由于 360 度考核的过程非常复杂，无论是考核结果的整理，还是评分表的设定，都要求具备非常高的技能。此外，360 度考核法，缺乏科学性和公平性保障，经常会让员工们对它产生一种抵抗的情绪，所以，尽管 360 度考核受到很多管理者的欢迎，但它远远没有达到普及的程度。

### （三）绩效管理应用结果越来越广泛

在实际工作中，绩效表现以可调整的报酬方式体现出来，因此具有一定的激励性。目前，大部分国企已经逐渐利用绩效管理，将人力资源的各个方面和绩效考核的结果相关联，如岗位管理、福利管理、团队建设等。这种方式，既可以将绩效管理的精华融入企业管理之中，提炼一种积极的企业文化，让绩效管理的作用更好地发挥出来，还可以让员工和管理者更多地关注并参与到绩效管理的指标选择、确定中，从而推动高效管理活动的展开。

### （四）考核指标与国有企业整体经营指标不匹配

国有企业在管理上有自己的特点，其战略目标常常与国家发展相吻合。国有企业每年的目标都是由上级管理层制定的，并以此为基础进行考核，这就使国企绩效考核与国企绩效目标之间发生冲突。绩效考核指标必须是持续的、恰当的、准确的，既能对员工起到鼓励作用，又能达到组织的目的。但在实际管理中，经常会有一些随机和主观性的情况发生，对工作任务和工作状态等的考核仅停留在形式上，很难构成一个与经营结果相关联的指标体系。

当前，大部分国企的绩效考核都是与利润、产品合格率等财务指标挂钩的，还关联到职工薪酬。企业的运作是一种非常烦琐的体系，它的运作成果是许多微小运作过程的产物。财务指标非常明确，但是经常会忽视那些无法量化的因素，并且只注重运营的结果，而忽视了经营流程和长远的发展目标。同时，财务指标本身也存在着一定的缺陷，并不能真正反映企业的运作流程，从而达到对企业运作的有效控制。这说明，仅注重结果而忽视过程与质量的评价，容易让企业与员工只顾眼前，企业的收益与员工的行为能力难以长期提升。

## 三、国有企业绩效管理效能提升建议

### （一）基于企业战略建立绩效管理体系

国有企业绩效管理的重要性是不言而喻的，要想处理当前国企绩效管理工作中出现的一些问题，就必须要彻底理解绩效管理，且改变其中一些错误的理念，并依据企业实际经营情况构建出既客观又精确的绩效管理框架。

第一，要纠正错误认识。绩效管理不仅是人力资源部门或绩效管理部门的任务，而是涉及企业上上下下的一项管理活动。绩效管理与企业和个人息息相关，应该被视为企业整体管理活动的一项工具。企业应充分认识到绩效管理是一个不断闭合的循环过程。它不仅是为了发放奖金、升职和薪酬设计，这些只是绩效考核的一部分，而绩效考核又只是绩效管理的一部分。绩效管理是为了通过不断提高企业绩效的管理循环达到实现企业战略目标的目的。在这个过程中，企业的核心能力和员工的个人能力都在不断提高。同时绩效管理不是一个部门的工作，而是企业上上下下共同努力、共同参与的管理活动。尤其需要注意的是，任何的改革都离不开高层管理者的认可和推进，高层管理者在改革中的重要性不言而喻，高层的认可和中层的推进很大程度上决定了绩效管理的结果。因此，在推行绩效管理过程中一定要关注高层管理者对绩效管理的认可，不然绩效管理最终还是会流于形式，无疾而终。

第二，清楚公司的策略。绩效管理的终极目标就是达到公司的战略目标。应对企业战略目标的层层分解，建立部门和个人的子目标，形成企业的绩效考核体系。

第三，形成战略导向的管理模式。企业以明确战略目标为依托，将企业战略目标和每一个部门、每一个员工的目标结合起来。具体的操作方法为，按照目标管理程序，将企业的总目标分解成多个小目标，为各部门、各岗位制定具体的目标，将员工和部门的绩效目标落到实处，在企业战略目标的基础上，考虑员工个人的能力、发展和工作成果。

第四，提高管理层管理水平，树立正确的绩效管理观念，不断提高员工绩效管理的参与度。企业任何的管理活动都与管理者的管理理念分不开。管理者的管理能力决定了管理活动的效果。推行科学的绩效管理要求管理者首先认识到绩效管理的实质和重要性，同时在这个过程中要保证员工的高参与性从而进一步促进绩效管理改革的推行。必须明确的一点是，绩效管理是所有管理者的责任，不能由人力资源部门单独承担，也不是人力资源经理的个人管理责任。各部门管理者、各层级管理者对部门和员工绩效有着不可推卸的责任。

### （二）基于关键绩效指标建立科学、完善的绩效评价体系

影响企业总体目标实现的因素很多，何种关键绩效指标才是有效的考核指标呢？目前关键绩效指标（KPI）考核流程过于复杂，这是导致形式主义的主要原因。关键绩效指标的重点在于"关键"二字，关键指的是对企业战略目标的实现有着重要影响。考核体系确定后，更加重要的是绩效考核的执行。管理实践表明绩效考核执行比绩效考核的制度的建立更加关键和困难。

从总体上讲，绩效考核的实施有两个难题：一是明确企业绩效考核的流程。员工的绩效考核必须按照既定的流程来进行，不能随意行事，要有周密的绩效规划。二是企业在获取绩效考核结果后，如何利用考核结果。绩效考核结果应该综合考虑企业发展、员工的薪酬待遇、岗位安排等因素，而不仅限于个人或部门的表现。

考核指标确立后要有明确的评价标准。标准的确定以目标管理思想为指导，通过上下级沟通的形式确定。KPI 考核除了量化指标、明确具体、重点突出等特点外，更强调指标设计与企业战略目标的结合。在明确的考核评价标准下，每个人的岗位责任与目标都变得更为清晰，这对员工的工作状态改善与工作水平提升起到了很大的作用。

### （三）建立绩效导向的企业文化

企业文化是企业在长久的经营过程中逐渐提炼出的，是全体员工都认同的价值理念和行为规范，是增强企业向心力的一个关键途径。

良好的企业文化对于员工的行为有一定的激励作用，能够使员工行为

和企业目标一致，提升对员工内心忠诚度。要想有效地实施绩效管理，建设以绩效管理为核心的企业文化必不可少，只有员工和管理层对绩效管理形成共同的认知、一致的看法，绩效管理才能有效地实施而不是流于形式。

高绩效的企业文化往往具备以下特征。

第一，公平的绩效考核。企业应营造一个公平的工作环境，赏罚分明，主动沟通、目标清晰、权责分明，鼓励员工积极工作，为员工提供必要的培训和职业生涯发展路径。

第二，良性竞争的工作氛围。无论是企业的外部还是内部，既竞争又合作是这个时代市场的主题。良性竞争的环境是员工积极性和工作主动性的保证。对于国有企业的员工来说，竞争意识薄弱是一个根深蒂固的现象。如何调动国有企业员工的竞争性，促进良性竞争环境的建立，消除人浮于事的现象是绩效管理重要的研究内容。

第三，工作丰富化和主动责任承担。根据双因素理论，工作本身是具有激励效果的。工作丰富化有利于调动员工工作积极性，提高员工的工作能力。主动承担责任也是员工工作成熟度不断提高的标志。这些都是企业战略目标实现的重要基础。

以绩效为导向的企业文化本质上是使企业的使命和宗旨、经营理念更加直观、形象具体地展现在职工面前，让员工接受和认可这些理念，并在工作的过程中有所体现。企业管理通过绩效管理的流程将企业文化不断强化。

### （四）重视绩效反馈

绩效反馈在目前国有企业绩效管理实施过程中是问题较大的环节之一。大部分国有企业绩效反馈和应用效果还是不错的，除了能够将绩效考核的结果告知员工，还能够根据此进行员工培训和职业晋升，但同时也可以看到很多企业的绩效考核有失公平和申诉无门，出现问题时，没有反馈的渠道。针对这一问题，企业应建立绩效考核申诉部门，完善沟通渠道。

人力资源部门应制定规范的《员工考核结果申诉表》，如普通员工对绩效考核结果存在不同的看法应填写这一表格，向人力资源部门进行反馈和沟通。人力资源部门在接到员工填写的申诉表之后，必须在五个工作日内组织相关人员进行审查和审核，得到审核结果后，将处理意见和结果反馈给申诉者。

### （五）实施科学的绩效管理

绩效管理体系的设计与企业的基础管理水平息息相关。高水平的基础管理会使绩效管理在组织和实施时有较大的选择空间和发展空间，也是绩效管理得以有效实施的保障。

#### 1. 提高基础管理的水平

国有企业应完善日常管理，在管理的各个环节体现绩效管理思想。以销售费用报销为例。销售部门的管理费用报销是一个很大的难题，业务员经常各地出差，有大量的个人费用，甚至有办事处出现业务员报销费用比业务提成更高的现象。为了规避这一问题，公司应作出规定，将业务人员的费用报销率与销售任务完成率结合起来考核。

#### 2. 提高人力资源管理部门的业务水平

一个组织如果要有效地实施绩效管理，人力资源部门的重要地位不言而喻。人力资源部门是绩效管理的发起者、组织者、设计者、执行者，不仅对整个的绩效管理工作进行整体规划，也对各个执行的细节进行明确具体的说明，还在绩效考核结束后与各个部门进行沟通，进行绩效改进。

#### 3. 提高企业信息化水平

随着互联网技术的突飞猛进，它在人们的生活中发挥着越来越重要的作用，在企业的管理中也变得越来越重要。首先，信息化管理有利于消除人的主观因素对绩效考核结果的影响，保证绩效考核结果的公平和公正。国有企业自身的特点和特殊性决定了信息化管理更有利于解决主观因素的弊端，还可以节省大量的人力、物力和财力，节约企业的资源。例如，信息系统避免了人为的干扰，隐私性较强，员工在打分过程中压力不大，可以自由地按照个人真实意愿去进行评价。信息系统还可以避免在绩效考核过程中形成大量不合规格的评价信息，如果出现不符合评价标准和要求的信息，系统会拒绝提交或者进行提示。

总之，绩效管理不是一个一成不变的模式和流程，而是管理思想、管理哲学的体现，是一个动态适应环境变化的管理过程。无论是国有企业还是私有企业，在实施绩效管理的过程中都不能照搬欧美国家的经验和模式。我国的文化特点和市场环境较国外有较大的差异，任何管理方式和方法都应与国家和地区的文化相结合才能产生巨大的生产力。在学习先进管理经验的过程中，国有企业应该思考我国的国情和企业的实际情况，探索和思考自身面临的具体问题和企业自身的特色，从改变经营观念入手，形成对绩效管理的整体认识，结合企业的具体情况，建立科学有效的绩效管理体系，不断提升企业的核心竞争力，保证企业的长久发展。

# 第四节　公共服务型国有企业绩效管理分析

## 一、公共服务型国有企业的概念与特征

公共服务型企业的特征主要体现在三个方面：第一，具有很强的垄断性，这意味着这种企业在资源利用方面会存在效率较低的问题；第二，企业生产的产品对公民的日常生活来说非常重要，因此需要确保其产品的供

应能力和品质；第三，关注社会效益，由政府来规定此类企业生产产品的价格，而非市场调控，企业的生产运营目标要关注市民的生活要求，而非单纯地追逐利益。

公共服务型国企通常是国家出资成立的，在很多方面都是以政府的意志为基础，具有很强的行政性。广义上的公共服务型企业是指由国家为了满足公众的需求而指定的特定企业，公司业务包括自然垄断准公共产品的生产、加工及运输；狭义上的公共服务型企业，是可以直接生产、加工和供给公民特定需要的企业，这一类企业所生产的产品具有垄断性、排他性和不可取代性等特点。国有公共服务型企业本身具有企业性质，但又是超出了普通企业的范围，还具有政府的公共功能。

## 二、公共服务型国有企业实施绩效管理的必要性

### （一）进一步深化国有企业改革势在必行

在新形势下，国企改革是一项长期而艰巨的任务。深化国企改革，壮大国企，对于中国特色社会主义事业的发展有着极其重要的作用。伴随着经济的持续发展，国企的绩效考核也经历了一系列的变革，但在当前环境下，国企的绩效考核还存在着诸多的问题，使得绩效考核的功能无法有效地发挥出来。通过对国企绩效考核过程中问题的归纳、剖析，提出相应的对策，对于增强国企优势，提升国企的效益，具有十分重要的现实意义。

### （二）可持续发展是企业管理的重要使命

在当今形势下，提升企业市场竞争力、健全运作和管理体制、注重员工创造力、挖掘人才潜力已成为时代发展的必然趋势。只有加强对人才的管理，才能最大限度地发挥其潜能。而对企业进行有效的绩效管理，能够对员工的观念进行正向的引导，对企业员工的工作岗位进行合理的界定，

并对公司的规章制度进行持续的改进，这对于企业提升经营管理水平来说，是一种必不可少的方法。国有公共服务型企业要站在服务于城市经济和社会发展的高度上，以为人民谋福利为宗旨；永远把社会效益放在第一位；充分调动企业的积极性；增强企业的自我活力，提升公共服务水平。与此同时，国有公共服务型企业还应该注重管理上的效益，用恰当的绩效管理来激发职工的工作热情，增强企业的向心力，完善公共服务，从而提升企业的经营效率。

## 三、公共服务型国有企业绩效管理实施策略

### （一）充分发挥绩效管理的固有功能

随着时代的进步，绩效管理越来越受到广泛的关注和重视，许多企业开始自觉地推行绩效管理系统。这一潮流并非偶然，其背后体现的是绩效管理巨大的功能价值。绩效管理具有管理功能、战略功能及开发功能[①]。

#### 1. 管理功能

绩效管理的核心功能之一是管理功能。有些企业在管理方面存在计划不周、无法有效掌控业务开展情况的问题，导致企业的经营难以预测和控制。执行绩效管理，可以防止这种情况的发生。绩效管理系统的核心在于设定恰当的目标，并利用绩效评价体系来查看员工平常工作的行为和表现。这种方式，能够提高员工工作的效率，并确保公司的经营在可管理的范畴内。绩效管理还可以为人力资源管理提供参考意见。绩效评价结果对于组织的多种管理策略至关重要，包括薪酬管理和人员分配等。根据评估价值创造，绩效管理为实现公正的价值分配提供必要信息，同时，使员工的发

---

① 李成彦. 人力资源管理 [M]. 北京：北京大学出版社，2011.

展受到客观结果的引导。

### 2. 战略功能

绩效管理的一个主要作用就是促进企业战略目标的达成即战略功能。绩效管理过程将企业的战略转变成定性和定量的目标，并从上到下一步步分解，最后变成各个层级、每个员工的行动方案，从而使全体员工目标与公司目标相一致。每一位员工的工作绩效目标，都是公司总目标与自己岗位责任相结合的结果。在设定绩效目标后，绩效执行与评估流程可以对目标完成进程中各部分的工作状态进行监测，了解各个部门的输出，并对妨碍目标实现的因素进行探究，且加以处理，以此来推动目标转变成实际结果。事实上，完善的绩效管理流程可以逐层分解，协助企业达到预先设定的战略目标。

### 3. 开发功能

绩效管理的一项关键职能是促员工的自我成长即开发功能。绩效管理系统的所有环节，都很注重这一功能，如在员工实现绩效目标的进程中，对其进行不断的互动和引导，并在绩效评估之后进行反馈。绩效管理既有助于组织的完善，还能够给员工个人带来实质性的好处。因为关注员工发展的绩效管理方法更容易被员工接受，相比以管理为中心的绩效管理更能发掘绩效潜能。

### （二）制定合理的绩效考核指标体系

考虑到公共服务型国有企业的独特性质，应将其绩效考核指标体系分成四个部分：关键绩效指标、基础管理指标、安全监控指标、奖励项及否决约束指标。

## 1. 关键绩效指标

关键绩效指数理论是将目标管理和帕累托法则相结合，要求企业将战略目标充分地分解，并对支撑公司战略目标的主要成功要素进行归纳和总结，并从企业、部门和岗位中提取出关键绩效指标。这一指标的理念是企业的绩效指标设定要与战略相结合，仅对那些与战略目标有紧密联系的绩效指标进行评估，其最终目标是要构建一种能够将公司的战略转变成实践的活动机制，从而使公司的市场竞争力得到提升，并能连续获得高收益。为了让公共服务型企业履行其使命，落实其发展战略并向所在城市提供公共服务，在其绩效考核指标体系中首先要考虑关键绩效指标。只有这样，这些企业才可以发挥其重要的作用。

## 2. 基础管理指标

基础管理指标是公司对与战略目标无关的工作进行考核的指标。这些指标多涉及公共服务型企业在固定资产、水资源、人力资源、教育培训、工程、安全等各方面的绩效管理评估。国有企业必须重视内部管理的状态，因为这直接影响到企业经营的规范性。所以，基础管理指标是必须要有的。

## 3. 安全监控指标

安全监管指标是一种否决限制项，以政府规定的安全方面的指标为基础，在公共服务型国有企业中，生产安全是事关人民群众生活和政府信誉的大事，是不可或缺的。安全监控指标应该包含治安防范、法律风险控制、党风廉政和综合治理，以上指标与企业的生产安全、是否存在违法违纪等问题有关，在企业的运营和发展中具有至关重要的作用。

# 第五节　市场竞争型国有企业绩效管理分析

国有企业是国民经济的命脉，对于发展我国的经济有支撑作用。随着经济全球化的发展，各个行业的竞争越来越激烈，无论是我国的国有企业还是私有企业都不可避免地受到一定的冲击。国有企业要想保持自身的发展优势，必须从各个方面加强管理，其中绩效管理作为企业管理重要的组成部分，对于提升企业的运行效率和发展质量有重要的作用。

## 一、市场竞争型国有企业混改目标

### （一）稳步推进混改进程

市场竞争型国有企业改革旨在扩大国有资本规模，提高企业市场竞争力。改革的重点在于混改，通过改变企业管理制度和完善治理系统，赋予企业自主权，实现生产经营策略的独立性。不具备市场竞争力的企业将会被淘汰；市场竞争型国有企业应加强股份制改革，吸纳非国有资本来实现股权多元化，国有资本必须绝对控股、相对控股或参股，同时，加速重组上市的进程。另外，在制定企业发展策略时，遵循一个企业对应一个策略、逐步落实的原则，并针对不同层级摸索出相应的混改准则。当市场竞争型国有企业开始集团层面混改的时候，为了改变国有资产的股份占比，可采取整体上市和并购重组等方式。对子公司开展混合所有制改革，应以实际从事研发创新和生产经营的实体企业为主体，以吸纳其他资本并分配资源。除了采用混合所有制的方式吸纳战略投资、基金等，促进员工持股也是竞争型混改的重要手段，可激励那些能够为企业作出卓越贡献的人才，扩大竞争型企业的市场份额。

### （二）加快完善市场化的监管激励制度

在《中央企业负责人经营业绩考核办法》中，对国企领导干部的管理体系也提出了清晰的分级准则。总体上，应按照所属行业的类别和级别，采取选任制、聘任制等办法。要加速向资本方向转型，把能让企业自己做决定的事情留在公司内部，以免过度干扰。在评价过程中，应以市场化的国有企业为对象，侧重于领导者的经济价值、市场竞争能力。根据公司原来的资本构造和行业特征，对其进行不同形式的评价，以便激励其提升经营效率和资金回报率，同时还要对具有社会责任感的公司给予更多的鼓励。国资监管机构要对混合所有制改革的整个过程实施监管，特别是对大额资金的清算，以及实施职工持股的市场竞争型国有企业的混改是否满足制度要求。

在《国务院关于改革国有企业工资决定机制的意见》中要求，根据不同功能定位、内部治理的有效性以及行业特征，完善国企薪酬制度，在市场经济中激发职工的积极性。市场竞争型国有企业在工资总额方面，一般采用备案制度。在考核的时候，要选择能够最直观地体现出企业经济效益的指标，如净利润、净资产收益率等。在市场竞争型国有企业中，核心人才起着举足轻重的作用，应增强股票期权和限制性股票等股票激励方式的应用，以及探索智力资本创造价值的新方式。

## 二、市场竞争型国有企业混改对绩效的影响

### （一）整体上市对企业绩效的影响

从绩效考核与激励机制两个角度出发，整体上市有利于对员工进行业绩考核与报酬激励。市场竞争型国企整体上市之后，能够更直接地体现出国企股份的公允价值，其经营表现也能够与其他行业的同类企业相媲美。

这有助于建立一套更高效的绩效评估管理系统，也为实行股权激励和职工持股营造了一个好环境。

在"二次混改"背景下，整体上市有利于引进以营利为根本目的的投资者，从而促进公司的发展。我国国有企业整体上市后，通过更为客观、公正的方式进行股权对价的计量，能够快速处理好目前我国混合所有制改革中存在的交易定价困难的问题；同时，上市公司股权的动态感更强，为民营资本的退出开辟了一条通道，增强了非公有资本对混合所有制改革的兴趣。

与剥离核心资产上市相比较而言，整体上市的公司独立性更强，大股东与中小股东的利益趋于一致，减少了大股东操纵关联交易掏空上市公司的可能。国企的关联交易一定程度上是因为国企承担了政策性负担[①]。所以，一旦企业整体上市，与之相关的交易将会减少，从而减轻国有企业政策的负担，加强其预算控制。

### （二）引入国际性资本对企业绩效的影响

从资源利用的角度来说，引入国际性资本，是一条行之有效的渠道，可以较快地处理我国国有企业在发展过程中所面临的资金短缺的难题。市场竞争型国有企业应充分发挥在技术、经验等方面的优势，在整合国内市场的同时，也要主动去拓展国际市场，进一步提升公司的经营业绩。在公司管理方面，引入国际性资本能够有效制约我国大股东，从而解决我国国企"一股独大"及"内部人控制"等难题。引入国际性资本，还可以在改善国企管理结构的基础上，促进国企的股权多元化，从而提高国企的经营利润。

① 沈红波，张金清，张广婷. 国有企业混合所有制改革中的控制权安排——基于云南白药混改的案例研究［J］. 管理世界，2019，35（10）：206-217.

### （三）兼并重组对企业绩效的影响

在规模效应方面，对多种产权形式的企业进行并购，能够整合资源，将其重点放在主营业务上，实现规模效益，从而建立起一种具有国际竞争力的"航母级"大企业，提高国企在国际上的地位。在杠杆作用下，要充分利用国有资本的杠杆性能，提高其管控能力。国家资金的雄厚程度不能简单地等同于拥有的国家财产的数量。应以国家控股为基础，发挥国有资本的杠杆作用。在资源效应方面，国企应和私企、外企沟通交流，将民营和外资企业的先进技术都吸收进来，以主营业务为中心，对产业链进行升级和重组，从而达到一个质的飞跃。尤其是以往基础产业，在国家供给侧结构调整的大环境下，在民营企业和外商企业的协助下，存在很多缺点，应使其从低端产业链过渡到中高端产业链，从而达到国有企业高质量发展的目的。

### （四）引入战略投资者对企业绩效的影响

在协同效应方面，一般的战略投资者都具有资金、背景、技术等各种优势，这些优势协同作用能够让市场竞争型国有企业的产业结构升级，增强其核心竞争力，提高其市场占有率，而长期与战略投资者合作则能推动公司的可持续发展。从企业合并的有效性角度看，投资者能够协助市场竞争型国有企业选择适合自己的并购目标，并指导其并购进程，在降低无效兼并的同时，提高兼并的集成度，这也是提高市场竞争型国有企业并购效率的保证。从治理效果的角度来看，在市场竞争型国企中，投资者既有动力又有能力进行监管，以缓解"所有者缺位"的矛盾。与此同时，战略投资者还可以借助董事会的力量，在国企中构建起一种自我纠正的机制，提高其决策的有效性，进而提高公司的治理水平。

研究发现，战略投资者是否可以有效地提升国企的经营绩效，关键是能否选择适当的投资者，并使他们的占股保持在适当程度上，从而激发他们对管理公司的兴趣。另外，还需要健全相应的制度，从根源上保护非国有股东的利益，消除他们对混合所有制改革的疑虑。

### （五）员工持股计划对企业绩效的影响

从激励效果的角度来看，将员工的报酬与公司的股票价格相联系，可以让员工的收益与公司的股东的收益相结合，从而增强员工的工作热情，进而达到企业与员工共赢的效果。一个成熟的员工持股计划，可以广纳人才，减少代理费用，让员工的主人翁作用得到充分发挥，推动企业更快地发展，同时也能让国有资本变得更加强大。从市场效果上看，员工持股计划对公司短期的宣传效果具有积极影响。根据信号传导原理，员工持股计划能够在短时间内为投资者创造超额回报，并在一定程度上还能向市场传递积极的信息。从技术创新与投资这两个方面来探究，对于市场竞争型的国企而言，创新是增强其竞争力的一个关键。一方面，员工持股计划可以有效处理公司管理结构中委托代理的问题，从而激励领导层更加重视公司的长远发展。在企业创新的过程中，领导层往往会对创新行为产生一定的影响，如创新方向、R&D 投入等。另一方面，员工持股计划还能提高员工的风险承受能力，并努力做好创新工作。这是因为，如果公司创新成功，公司的业绩会得到明显的提升，同时，公司的股票价格也会上升，因此，那些持股的重要员工能够得到更多的个人财富。与此同时，当各个部门和各个层次的员工持股之后，他们的关系就会变得更加紧密，这可以强化团队力量，从而提高创新效率。

### （六）中长期股权激励对企业绩效的影响

在激励效果方面，中长期股权激励能促进员工关注长远利益，减少离职以及核心员工的流动。在治理效果方面，管理者持有股权后，以股东利益最大化为目标，通过减少无效率投入和短期决策，可间接地减少代理费用，提高公司业绩。

## 三、市场竞争型国有企业绩效管理重点工作

国企具有与外资和民营企业不同的独特之处，所以，要强化国企的业绩管理，就要探究问题导向、市场导向、价值创造等，需要进行以下几点的工作。

### （一）建立追求高绩效的企业文化

国企要完善绩效管理机制，必须从全体干部、职工的观念出发，建立"高绩效"的企业文化。要做到这一点，就必须做好这三方面的准备：一是要得到高层管理者的重视与支持，二是要选择最符合公司绩效管理的理念，三是将绩效管理与公司文化相结合。

要不断地用制度来推动文化发展，不断地对各种人力资源管理体系进行修改和完善，如营销团队的管理系统，在进行全面绩效考核之后，再将其分配给每个人，以此来推动团队绩效文化的形成。在实施制度的过程中，要提升员工对公司文化的认可度，进一步加速形成高绩效的企业文化。我国国企应该学习华为的经验，制定合适的人力资源管理准则，明确企业文化建设的基本指导方针。要积极推进并推广绩效主义观念，彻底消除以往种种的错误观念，要让所有的管理者都对绩效管理有一个新的认知，知道它的必要性，尤其是意识到它是为企业的战略目标服务的，具有不可估量的价值。要为高绩效的公司文化创造一个良好的环境，提高绩效管理的地位，让它成为促进企业策略实施的主要手段。

使用绩效管理来逐步细化各项指标，让每个员工都清楚自己的目标和利益，进而增强团队凝聚力。这有助于员工持续自我改进和提高工作效率，最终实现绩效管理目标。要想推进绩效管理，必须发挥人力资源管理部门

的作用，并确保领导层认真履行职责。深刻了解绩效管理的职责分配，是未来国有企业加大绩效管理力度的一个关键条件。

### （二）建立与企业发展相适应的绩效管理运行机制

要在企业和员工、效率和公平、当前和长期、激励和约束等多个层面上，构建和完善绩效管理运行机制。要把员工的工作和公司的战略目标密切地联系起来，同时确保各个层次的员工和公司之间能够顺畅地进行交流和沟通，实现有效的战略衔接。建立完善的人力资源管理体系，并在组织架构、岗位设计、职位分析等方面进行必要的工作。还需要将绩效管理体系与具体的业务相结合，逐渐完善工作的每个环节。要建立一套行之有效的薪酬激励体系，才能保证绩效管理运行机制的顺利执行。应采用以工资激励为主的物质激励，真正地指导员工改善业绩，获得企业所需的工作成果，同时，通过不断的薪酬奖励，使之得到进一步的加强，形成一个良性的循环。对绩效计划要给予足够的重视，它只是一个开端，却可以影响到整个企业绩效管理的成功与失败。因此，在对实际状况进行仔细研究之后，应该谨慎地进行与绩效计划有关的工作。每个目标必须有清晰的规范，以便于员工进行归纳、交流与反馈，也为以后的绩效评估作好准备。在设定指标时，要在当前和未来、定性和定量等方面进行协调，以保证它可以满足企业长期发展的需求。

### （三）建立健全绩效执行和辅导制度

绩效执行与辅导是国企绩效管理中最弱的部分，同时也是战略绩效管理的重要内容。领导与员工之间要进行全面的交流，了解彼此的担忧，为解决冲突、共同奋斗营造一个有利的环境。与此相反，考核评估只是一种评估目标实现情况的方式，真实的指导、奖励、完善，都是在绩效执行过程中进行的，需要员工和领导者一同协作。在绩效执行和辅导中，领导者起着至关重要的作用，必须承担起交流和辅导等责任，而人力资源部门需要发挥支持和辅助的作用，既不能过度干预，也不能缺乏支持。员工和领导者需密切交流，及时探讨员工的表现，而不是等到评估完成后再作沟通。员工必须要对自己进行评估，并根据自己得出的结果及来自于领导者、同事等方面的信息，来对进度滞后、方向有误的工作项目进行纠正，为绩效提升奠定扎实的基础。应制定相关机制，限制辅导的频率，对程序和环节进行详细的说明，并且做好相应的记录，保证绩效执行和辅导能够顺利实施。

### （四）确保绩效考核和评价落实到位

绩效考核和评价是绩效管理中的一个重要部分，为保证考核评价的客观性、公正性和权威性，需采取如下三点措施。

一是客观选用评价方式，当前的 KPI、BSC、360 度绩效反馈都有自己的优点和不足之处，最重要的是要把握好公司的实际情况要进行准确的评价，并且保证结果公平公正。要正确选用考核方式，不能太过烦琐，太过繁琐的考核方式会让员工把精力从目标移到考核上，本末倒置。在开展绩效考核的过程中，人力资源部的首要责任应该是选用适当的手段，对有关人员进行培训，并对其进行具体的评价工作。

二是要最大限度地减少评价中的主观偏差，评价结果的公正性与公平性直接影响到员工的认同感，乃至影响到绩效管理工作的正常运转。参加考核评价的领导者要以员工的工作情况、实际数据等资料为依据，对员工展开评价，不能以自己的偏好及思维定式来判定。为了消除近因效应，不可以只依据最近的事件或已经完成的工作进行评价；要防止光环效应，切勿根据被评价者的某一特征来加以概括。

三是进行反馈，当领导层向员工反馈的时候，为了确保有效的交流、鼓励以及员工可以认可，需要特别关注：要对事不对人，不能仅反馈不足，也要反馈长处，注重员工的进步，让员工能够更好地发展自己；把绩效反馈和报酬分开，尽可能地避免在面对面沟通时提到奖金的问题，防止员工因为只注重收益而忽略了对绩效的探讨，同时也防止了员工因为对工资分配结果不满而影响到面对面沟通，甚至引发矛盾。当各个级别的主管领导进行绩效反馈时，一定要确保员工能够完全参与到探讨中来。

### （五）科学应用好绩效考核结果

应用绩效考核结果是绩效考核的最后一步，也是为下一阶段的高绩效管理打好基础。科学应用绩效考核的结果，是达到"管理人员能上能下，员工能进能出，收入能增能减"的关键，而目前我国国企"三项制度"的改革还存在不足，从一定程度上来说，是因为在绩效评估结果的运用方面还不够成熟，其越是受到关注，员工就会对绩效考核给予更多的关注，从而推动高绩效企业文化的形成。

要重视工资分配，尽可能地按照绩效考核的结果，对各个层次员工的绩效奖金、专项奖励、评优评先奖励等合理分配，改进趋于平均、与绩效考核结构关系不太紧密的分配方法，从而建立一种"能高能低"的分配制度。尤其薪酬要向高绩效员工倾斜，这样才能让薪酬分配既有鼓励又有限制。要强化绩效考核结果在调职中的运用，改进国企调职的管理理念，既要考虑到用人单位的用人标准，又要避免落入"唯才是举"的思维中，在作出干部选拔和职级提升的决策时，要以绩效考核的结果为主要依据，对其展开综合评价。对表现不佳的职工，应考虑职级、职位的调整，必要时可以考虑降职任用，在用人方面营造一个良好的风气环境。

将绩效考核结果与培训发展联系起来，虽然国企的培训看上去受到了高度关注，但是实践中，在培训内容的有效性和目的性方面，却有着很多问题。所以，各级人力资源部门都要在绩效考核结果的基础上，对员工的认知、能力进行分析，确定培训需要，并将其列为下一阶段培训工作的要点，从而增强培训工作的效果。要重视将绩效考核结果应用到劳动合同管理中，针对国企员工相对固定、流动率偏低等现象，要把绩效考核结果应用与解除劳动合同相联系，即对表现不佳的员工，尽管很难通过末位淘汰制来解除劳动合同，但是能够在合同期满时，作为是否终止的一个关键参考。同时，也要将绩效考核结果与员工的能力相结合，并在劳动合同和规章制度中予以规定，为那些表现不好人员"能出"创造必要的条件。

# 第七章
# 绩效管理沟通

绩效沟通作为绩效管理的中心，是指通过与被考核人进行有效交流找出绩效评估中的问题，并寻找解决的办法，为后期提升企业和员工的绩效提供一种手段。绩效沟通在 HR 管理中占有很大的比重。本章内容为绩效管理沟通，依次介绍了绩效管理沟通的含义、绩效管理沟通的目的与原则、绩效管理沟通的流程和方法、绩效管理沟通问题类型及处理、绩效管理沟通效果评价五个方面的内容。

## 第一节　绩效管理沟通的含义

绩效沟通是管理者和员工为了实现绩效目标而开展的建设性、平等、双向和持续性的信息分享和思想交流。其中，绩效沟通中的信息包含工作的进度、员工遇到的困难等，以及提出的不同处理对策。对于绩效监控过程中的绩效沟通概念的理解，需要特别注意以下几个方面。

## 一、绩效管理沟通是一种平等的沟通

沟通最本质的目的就是实现思想的传递。为了让对方准确了解自己的想法，信息发出者应该根据了解听者的需求和可能的反应，决定自己要使用的沟通手段和方式，坚持换位思考，"己所不欲，勿施于人"。信息只有在平等主体间传递，才有利于形成信息沟通的环路。否则，管理者高高在上，信息传递通常不顺畅，即使有信息传递，信息本身的准确性和及时性也会受到影响。

## 二、绩效管理沟通是一种有效的沟通

管理者必须准确地知道绩效计划的执行情况，员工要及时将绩效计划的执行情况向上级反映，并且所传递的信息要能被双方充分理解。沟通更大的价值是传达观念而非传达信息本身，即让发出的信息（语言或行为）被接收者充分理解才是真正有效的沟通。信息的编码、沟通媒介（渠道）的选择和信息的解码，是沟通取得成功的关键环节。整个沟通过程从信息发出开始，直到得到来自接收者的反馈为止，不断循环。之所以强调反馈，是因为沟通的目的就是传达信息，更进一步就是传达思想。接收者接收信息的情况，能够反映出沟通的目的是否得以实现。因此，接收者的反馈是沟通过程模型中的重要一环。

有效沟通由七个重要因素组成：第一，沟通的目标。沟通的目标就是在整个进程中要处理的终极难题，它贯穿了整个进程。第二，信息源（发送人）。信息源指的是进行沟通活动并把信息传递给外界的人。第三，信息自身。要传递多少信息、包含哪些方面，这要看沟通的目标及信息源的意愿。发送人应根据对方的接受程度、沟通条件等因素，来确定信息的组织方式。第四，媒体。媒体的存在形式主要有文字、口语等。详细来说，有面谈、电子邮件、视频等。第五，接受者。接受者一般称为听众，听众倾听态度是正面的、负面的还是中立的，对沟通结果会产生重大的影响。第六，反馈。在信息传播过程中，受众的反馈是沟通的一个重要因素。反馈是接收者将信息传达给发出者的一种途径，发出者应该针对反馈的状况，改变接下来的沟通方法，从而更好地达到沟通目的。第七，空间。沟通的空间因素，会对发送者和接受者的译码方法产生影响。这里所说的"空间"，不只是具体的沟通空间，还包含企业的文化、领导层的领导方式。

### 三、绩效管理沟通是一种持续的沟通

绩效沟通贯穿于整个绩效管理的四个环节，在绩效监控中持续时间最长，但是却最容易受到忽视。绩效沟通的中断会导致劳资双方存在种种的矛盾，所以绩效管理就成了劳资双方经常发生的纠纷关键原因。因此，全面认识绩效沟通，熟悉绩效沟通的技能，就成了每个领导都要具备的管理技能。在绩效管理中，持续不断的沟通是一个恒久不变的原则，具有不可替代的作用。不断地进行绩效沟通，对领导和员工来说都具有十分重大的价值。

# 第二节　绩效管理沟通的目的与原则

## 一、绩效管理沟通的目的

员工和领导通过密切沟通制定了绩效计划，但这并不能保证执行绩效计划的过程是完全顺利的。所以，在执行绩效计划时，领导层必须不断地和员工保持良好的绩效沟通。

### （一）对绩效计划进行调整

市场竞争的需要迫使企业不断地调整战略及生产和经营的模式，职位

说明书的更新速度也越来越快。因此，公司的员工必须要面对变化，改变自己的工作方法和工作内容。在这样的状况下，工作计划的调整、工作内容的安排等，就变成了领导和员工要经常沟通的问题。不管是领导还是员工，他们所面对的工作空间都在持续变化。为应对这种变化，领导与员工之间必须进行有效的沟通，以处理不同的挑战。沟通能够帮助他们应对各种变化，即使没有变化，也需要获得信息来确保在发生变化的时候能够及时应变。

### （二）使员工在实施绩效计划过程中了解相关信息

随着企业工作环境的不断改变，企业的工作日益烦琐化，在绩效计划制定的时候，往往难以准确预测企业在执行计划的过程中可能出现的各种问题。所以，在实施绩效计划时，会面临不同的挑战。员工都期望在遇到困难时，可以获得恰当的资源与协助，还期望在工作中可以持续地获得有关自己工作表现的反馈，从而持续改进自身的绩效，提升自身的能力。

### （三）使管理者在实施绩效计划过程中得到相关信息

在员工工作的时候，领导要随时了解他们工作的进度，知道他们在工作中的状态和面临的困境，对小组内的矛盾进行调解。如果领导不能从沟通中获取所需的信息，那么就不可能在绩效考核时对员工进行适当的评价。此外，如果可以提前了解情况，那么就能够在问题出现时第一时间将其解决。

## 二、不同绩效管理阶段沟通侧重点

在绩效计划阶段，领导要与员工沟通确定绩效目标及准则，要扮演好顾问、教练的角色，引导并协助员工制定工作方案。在绩效实施阶段，员工可以向上级报告自己的工作情况，或者就工作过程中碰到的问题向上级提出建议；当员工的工作偏离了目标计划时，领导需要及时作出修正。在绩效评估与反馈阶段，为了对员工所做的工作给予客观、公平、完整的评估，领导应与员工沟通，对员工面临的挑战展开探讨，并一起找出下一步的工作重点。在评估后的绩效改善和现场指导阶段，领导应追踪和掌握改善策略的执行状况，并给予相应的支援。主要包含：要注意员工的工作表现，做好与坏的比较，有误的地方要及时改正；要把工作的执行进度列为下次绩效评估的参考物，实现闭环管理。

## 三、绩效管理沟通的原则

实现高效的绩效沟通，并不是一件简单的事情，管理者和员工都需要为绩效沟通做充分的准备，既要掌握基本的沟通技能，又要遵从基本的沟通原则。以下两项基本的绩效沟通原则，对规范沟通行为、提高沟通效果具有重要的作用。

### （一）事实导向原则

人们在沟通中存在两种关注焦点：关注问题和关注人。所谓关注问题，指的是沟通关注问题本身，注重寻找解决问题的方法。所谓关注人，则是指更多地关注出现问题的人，即在遇到问题时，往往会非常直接地将问题归咎于人，而不是问题本身。关注人的沟通往往会带来很多负面的影响。事实导向原则就是要求沟通双方从解决问题的目的出发，针对问题本身提出看法，充分维护他人的自尊，不要轻易对人下结论，这个原则主要是为了克服对人而不对事情下结论的错误倾向。通过对事实的描述避免对人身的直接攻击，从而避免对双方的关系产生破坏作用。管理者向员工提出缺点和错误时，特别需要恪守这一原则。

### （二）责任导向原则

所谓责任导向，就是在绩效沟通中，引导对方承担责任的沟通模式。

绩效沟通需要确认问题的责任承担者，为采取积极的补救措施和促进绩效目标的达成提供基本保障。责任导向原则，具体又分为自我显性沟通与自我隐性沟通。自我显性沟通，采用第一人称表述；而在自我隐性沟通中，多使用第三人称或第一人称复数，例如，"有人说""大家都相信"等。通常，自我显性沟通，能够更好地与对方建立联系，表达合作与协助的意愿。如"我想这件事可以这样……""在我看来你的问题在于……"等说法，都能够给人这样的感受。而自我隐性沟通通过使用第三者或群体作为主体，避免对信息承担责任，从而逃避就其自身的情况进行真正的交流，这往往给人一种不合作、不友好的感受。因此，责任导向原则要求人们采取自我显性沟通，与沟通对象建立良好的关系。

## 第三节　绩效管理沟通的流程和方法

通常来说，一个完整的绩效沟通过程包括：沟通前的准备阶段、沟通过程中的操控阶段及沟通后的追踪阶段。这三个阶段之间密切联系，形成了一个层次严密的循环系统。

### 一、绩效管理沟通准备阶段及实施方法

沟通以先前的训练和宣传为主，并预先设定好绩效目标。预训练，可以使所有人掌握绩效管理的基础内容，对绩效评价有一个充分的认识。在此过程中，员工的参与有助于提高自身的绩效，不断改善管理形式，从而达到各部门及个人的工作目标。绩效沟通要想达到预期的效果，就必须事先做好充分的准备工作。总而言之，如果没有精心的准备，那么整体的绩效沟通将会丧失交流的基础。

具体来说，准备阶段的工作包括以下内容。

第一，沟通对象的分类。首先要根据评价表及评价结果体现的信息对被评估者进行分类，把同一部门的评价表汇总起来，再根据评价结果，把同一部门的评价表分成好、中、差三个等级。对评价表进行分类的过程，其实就是对沟通对象的一种迅速了解，这不仅能对公司的总体绩效有一个全面的认识和掌握，还有助于对员工展开有目的性的沟通，增强沟通效果。

第二，对绩效沟通的总体和次要目标进行定位。所有的沟通都是围绕着目标展开的。如果没有沟通的目标，那么就会偏离原本的内涵。只有在沟通目标的指导下，将主题依据目标的需要而展开，从而获得实现目标的信息，这样，沟通才可以取得真实的效果。绩效沟通的总体目标就是和员工进行沟通，提升员工的工作绩效，进而实现公司的类别战略目标。在明确了绩效沟通的总体目标之后，也不可以忽略次要目标的建立。总体目标实质上是对个别次要目标的精练和概括。建立绩效管理的次要目标，实质上是让每次沟通都有自己的要求。比如，根据此次沟通，想要给员工传达什么样的信息，以及沟通之后想要实现什么样的效果等等。但是，在制定次要目标的时候，必须要有目的性，能够从评价表和工作表中提取基本的信息。

第三，对绩效评估结果进行充分的了解。只有对绩效考核的结果有了详细的认识，才能从结果中得到有效的信息，才能有"共同语言"的基础来与对方进行交流，不然的话，双方的沟通就会受到一定的影响。对绩效评价结果的了解要做到四个方面：第一，沟通的目标是什么；第二，沟通对象所做的事；第三，沟通对象为何会获得这种评价结果；第四，沟通对象的发展朝向。考虑到这四个方面的问题，执行沟通的人员就会对沟通对象有一个简单的认识，沟通就具有了针对性，以及言语基础。

第四，适宜的地点及时机。即在展开绩效沟通的时候，要注重时机与地点的选取，切不可马虎行事。因为不一样的时机，不一样的地点，所起到的作用是不同的。适宜的时机及轻松的沟通氛围可以让沟通"事半功倍"。

所以，什么是适宜的沟通时机呢？企业绩效沟通的最佳时机是在绩效评估结果宣布后立即举行。在用餐的时候进行交流，这样的交流气氛更易于被员工所接受，沟通效果也比较显著。这是因为评价结果的不同对各个评价目标的影响是不同的，也会有一些员工对绩效考核的结果以及考核的机制不太满意，这样的状况下，绩效沟通应该尽快地进行。

第五，拟定沟通大纲。如果说沟通者是一名指挥官，那么沟通大纲就是一名指导者。没有沟通大纲的"指导功能"，就无法取得良好的绩效沟通效果。详细来说，沟通大纲可以分成两种，第一种是沟通规划，它是对整个沟通进程的一种提前规划，比如，何时、在哪儿、有谁参加等；第二种是访谈大纲，它基本上是针对特定的交流目标，如要问什么问题、怎样做笔录等。在拟定访谈大纲时，需要考虑其目的性，既要让沟通取得良好的效果，又要注重沟通的速度。

## 二、绩效管理沟通操控阶段及实施方法

有了周密的准备，整个绩效沟通就成功了一半，但绩效沟通的操纵阶段也不容忽视，否则会造成前功尽弃的局面出现。绩效执行中往往有关键控制点，并且员工在执行过程中可能会出现各种问题，如果能适时、及时地沟通，对员工遇到的问题给予分析、对员工行为出现的偏差进行纠正，会收到事半功倍的效果。这种沟通可采取正式或非正式沟通方式，可以是定期或不定期的，也可以采用阶段质询会、汇报或检讨方式等。在沟通过程中应注意以下三方面的问题。

首先，站稳自己正确的立场。这实际上包含两方面的要点：第一，要保证立场是正确的而非不公平或错误的。这就需要绩效管理人员从全局和整体方向上把握，冷静地分析考评表，理性对待每一位参与沟通的员工，并从中提炼出一个公平公正的立场，避免由于主观思维扩大化导致立场出现偏差；第二，在保证自己的立场正确的前提下稳固地坚持自身的立场。

在绩效沟通中，有些员工可能对绩效结果的公正性、公平性持有怀疑的态度，甚至对抗的态度，不认同绩效管理人员的观点和立场。在这种情况出现时，作为企业的管理一方，一方面要认真倾听员工的言论并认真记录，使员工感觉到企业对自己的重视，另一方面要稳住自己正确的立场，切忌立场不坚定或混乱，以保证此次沟通的有序性，毕竟员工所反映信息的真实性是需要事后核实的。稳住自己的立场要注意两方面的问题：第一，通过稳住自己的立场，并将其传递给员工，使沟通能够顺利实现；第二，在面对员工反驳时，应充分给予员工发言机会，并认真做好记录。切忌粗暴地打断员工或与员工针锋相对地展开辩论。

其次，围绕已定目标展开沟通。在沟通的准备阶段，绩效管理人员就已经为沟通制定了总目标和具体的分目标，在沟通的执行阶段就要思考如何完成这些目标。总目标的实现，关键之处就是要从总体和全局的观念上来把握，绝不能因为某个部分或局部出现了偏差而使总目标也人为地发生偏差。绩效管理沟通的总目标是通过沟通来带动企业整体绩效的改善，那么在沟通中就要注意搜集和把握全局性和不同沟通对象反映的共性信息。至于具体的分目标的实现实际上就是完成已定的工作任务。如通过这次沟通要获取哪些信息？要向沟通对象传达哪些信息？确定这些任务和目标之后，沟通也自然需要围绕这些任务和目标展开。

再次，灵活应对突发事件。在任何活动进行的过程中都有可能发生意料之外的突发事件，绩效沟通当然也不例外，如企业一方由于某种原因使沟通演变成了说教，员工完全成了一个"忠实"的听众；又如遇到内向型的员工，整个沟通难以进行下去等一系列的突发事件。在面对这些突发事件时，作为代表企业一方的人员首先就是要摆正心态，快速冷静思考，找出应对之策。如若遇到沟通演变成说教的突发事件，企业一方在意识到这一点之后就应及时将自己转换为倾听者，并适当延长原定的沟通时间，以避免由此带来的负面效果。其次，企业一方也可以主动地向员工"道歉"，拉近彼此之间的距离，防止突发危机扩大化。

## 三、绩效管理沟通跟踪阶段及实施方法

一个完善的绩效沟通机制当然也离不开沟通后的跟踪观察阶段。在完成了绩效沟通后，绩效管理人员应对沟通对象进行跟踪观察，及时了解沟通对象的工作动态，并从中提炼出沟通效果和沟通目标达成程度的信息，为后阶段"调试"企业沟通机制和绩效管理机制提供参考依据。具体可寻求沟通对象所在的相关部门和人员给予帮助和配合，工作流程如下。

（1）结果审核。主管在事后沟通前要充分准备好资料，说明打分原因时应该提供合理的依据，同时需要听取员工本人的意见和想法，然后再根据沟通的实际情况对考核结果进行适当的修改。

（2）分析原因。双方就考核结果进行充分沟通和修改后，需要对原因进行深入的分析，特别是对于没有完成的目标，分析是客观原因还是主观原因造成的，是企业内部管理还是外部环境发生了变化引起的，是由于员工的胜任能力不足还是经验不够等，最后对确定的原因进一步分析，提出解决的最好办法。

（3）目标分析。对于完成或超前完成的目标也要进行分析，分析是如何顺利完成目标的，然后将员工所采取的有效方法和措施在内部进行分享，使大家共同进步。但更重要的一点是，对于不理想的目标下一阶段改进计划的沟通与制定，通过制定一个明确有效的下一阶段改进计划来实现员工业绩和能力的提升，是保证绩效持续改进的一个关键步骤，因为一个考核周期的结束就是下一阶段的开始，同时也需要对实现目标所采取的措施和资源支持形成共识。

绩效沟通在人力资源管理活动中既是一项重要的活动，而又是一项不易把握、较为复杂的活动。绩效沟通时，管理者务必要摆正心态，认真准备，灵活操控，妥善对待，切勿轻视。否则，极容易陷入绩效沟通的恶性

循环之中。

# 第四节　绩效管理沟通问题类型及处理

## 一、绩效管理沟通问题类型分析

### （一）目标分解问题

有效地向下传达企业高层的战略目标是制定有效的个人目标的前提。管理人员与员工之间对于企业战略目标进行深入的探讨和沟通是提高绩效管理的重要步骤。但管理人员对于这些长远的、潜在的目标很少在会议中进行详细的阐述，大多数管理者多以指令式目标分解方式向下传达组织目标，在传达的过程中缺少与下级进行共同沟通的习惯。企业内部从高层向底层传递企业的战略目标虽然很容易形成一个自上而下的目标体系，但员工在接受企业的战略目标具体内容时，缺乏对企业战略目标的深刻理解，会难以形成一个像上级领导一样对企业未来发展规划的蓝图，进而导致员工在执行任务时缺少达成组织目标和个人目标之间统一的行动方案，造成组织总目标与个人目标之间出现偏差，不利于企业长远发展。

### （二）绩效沟通体系问题

完善的绩效沟通体系有利于提高完成工作任务的效率，减少偏差带来的成本损失，保证管理者和员工之间的信息交流和绩效反馈，提高企业整体的工作绩效水平。虽然企业在整个绩效管理过程中重视绩效考核结果的分析，但是考核者通常注重结果数据的客观因素，很少关注在整个绩效管理过程中的变化细微的主观因素。这主要是因为管理者忽视执行绩效工作过程中的控制，缺少与员工进行沟通以及工作进展汇报的习惯，通常在考核完绩效结果后才会针对绩效工作进行沟通交流，这对整个绩效管理过程来看错过了最佳的沟通时效。这样会导致企业内部的绩效水平难以有高层次的突破使下级平时工作得不到上级的指导帮助，双方缺乏沟通进而绩效水平下降，绩效管理制度日渐失去意义。

## （三）沟通形式问题

绩效沟通可以根据员工不同性格和工种制定具有针对性的绩效沟通形式，从而找出更适合的解决方法，激发企业内部的创新力。但是企业大多采用单一的沟通模式，即上级下达任务下级执行任务的传统内部沟通的方式。由于上级平时工作内容多、责任大，很少有时间去考虑下级的工作效果和出现的问题，并且管理者认为只要将工作的内容详细告知下属就是绩效工作的开端。长久下来管理者难以从多个方面了解员工出现问题的实质性原因，对于下级工作上的问题只抓住问题表面进行强调，很多主客观因素的影响并未全面考虑进去，从而使绩效沟通流于表面，难以对问题进行深入诊断。这种沟通方式在企业内部成为惯例容易阻碍创新，也更容易形成企业内部的官僚风气。

## （四）沟通文化建设问题

企业在组织内部建立浓厚的沟通氛围，有利于信息的流通，保证及时解决工作环节出现的问题同时能够有效促进员工之间的关系。但是管理者不重视沟通方式，忽视沟通文化，长期以来，会逐渐形成一种无所谓的文化。员工发现工作上有问题或是对工作生活不满时也不主动去解决问题，对什么也无所谓；同样，管理者也不主动询问下级的工作情况，不积极给予适当的帮助，因此大家就共同造就了企业内部不重视沟通的问题，长期的问题积累，会导致企业内部不能协调一致，影响企业终极目标的实现。

## 二、处理绩效管理沟通问题的技巧

绩效沟通是技术要求相对高的一种沟通，在绩效管理全过程中，管理者与员工都需要进行充分的绩效沟通。在具体的沟通实践中，管理者需要运用各种各样的沟通技巧和方法，下面介绍几种常见的沟通技巧。

### （一）积极倾听技巧

沟通是一个双向的过程，即沟通双方不仅要通过沟通的过程向对方传递信息和想法，还要通过沟通过程获取所需信息。从沟通过程模型中可以看出，双向沟通更深层次的含义在于，信息发出者并不单向地发出信息，还根据接收者的反应，调整沟通的内容和方式。积极倾听，是有效沟通的重要保障之一。绩效沟通中的任何一方都应该具备积极倾听的技巧，以充分获取信息，使整个沟通的过程得以顺利进行。但是很多管理者经常忽视积极倾听的意义，尤其是在与员工沟通时，他们往往缺乏应有的耐心，这种做法将严重影响沟通的质量，甚至影响管理者与员工之间的良好关系。

### （二）非语言沟通技巧

沟通并不是一个简单的语言传递的过程，在语言沟通的过程中，传递着丰富的非语言信息。有研究表明，沟通中只有不到 10%的信息是通过纯语言传递的，近 40%的信息是通过非语言传递的，而超过 50%的信息是通过肢体语言传递的。沟通双方应该通过合适的语音、语调将语言内容表达出来，并配合准确的肢体语言，才能够准确地传递相关信息。

沟通双方能否很好地运用非语言沟通技巧，是影响建设性沟通成败的一个重要因素。关于各类肢体语言基本含义的相关文献非常丰富，举手投足，一颦一笑都传递着特定的信息。沟通双方需要结合沟通环境，对这些肢体语言进行准确的解读。但必须注意，离开沟通环境，很多肢体语言的解读都是空洞的，没有意义的。学习肢体语言的含义，能够帮助我们在沟通中对这些无意识的反应作出有意识的认识，从而更好地掌握沟通对象的意图。

### （三）组织信息技巧

绩效沟通中，由于沟通双方的生活背景、经历以及个人观点和地位等方面不同，沟通过程中的信息接收者和发出者会对相同信息符号产生不同的理解。因此，有效组织沟通信息，便于沟通双方准确理解，就成了保障沟通质量的重要决定性因素。在组织信息过程中，管理者和员工需要保障绩效信息的完整性和准确性。

#### 1. 信息的完整性

信息的完整性是指在沟通中信息发出者需要尽量提供完整和全面的信息。具体来说，要求信息发出者注意几个方面：沟通中是否提供了全部的必要信息；是否根据听者的反馈回答了全部问题；是否为了实现沟通的目的提供了必要的额外信息。信息提供是否完整，需要沟通双方在沟通实践中，从信息的编码和解码全过程来确认。很多时候，我们以为已经把需要告诉对方的信息都表达了，但实际上，这往往只是自己的一厢情愿。例如，员工往往提供部分绩效信息，以为管理者对很多信息都是清楚的；管理者在进行绩效辅导的时候，也常常会忽略一些他认为员工应当知道但实际上完全不知道的信息。虽然在信息沟通中，所有人都不可能保证信息的绝对全面，但沟通双方都必须做到关键信息不遗漏。

#### 2. 信息的准确性

信息的准确性是指提供的信息对沟通双方来说应该是准确的、对称的。

信息完整性要求信息发出者提供全部的必要信息，而信息的准确性则强调信息发出者提供的信息是准确的。沟通信息的准确性要求，根据环境和对象的不同采取相应的表达方式，从而帮助对方精确领会全部的信息。许多关于人际沟通的研究工作普遍强调，应该使信息在整个传送过程（编码和解码）中基本不改变或偏离原意，并将之视为有效沟通的基本特征。

为了保障沟通双方对信息都有精确的理解，应注意以下两个方面。

一方面，信息来源应该是准确和可靠的，这是信息准确性的基本要求。在沟通过程中，出现信息不准确现象的一个非常重要的原因，就是原始数据的可靠性不符合沟通的需要。特别是管理者对员工的工作失误提出意见时，必须使用双方都认同的信息来源所提供的信息。

另一方面，合适的信息传递方式有助于沟通双方准确理解信息。在沟通过程中，应该使用沟通双方都能够理解的媒介手段和恰当的语言表达方式。第一，选择合适的媒介手段。目前主要的媒介包括会谈、书面报告、信息系统等形式。在选择媒介时，不能仅凭信息发出者的意愿，而要根据沟通对象的特征、沟通的目的，以及各方面的环境因素进行综合考虑。例如，管理者要针对某个员工在工作中的问题进行辅导，通常应该采取一对一面谈的形式；而对于团队工作中的问题，在团队成员数量有限并有可能集中而不影响工作进展的情况下，可以采取团队会议的方式进行沟通。随着信息技术的不断发展，信息传递的准确性有了很大的提高，人们可以在很短的时间内将信息以文字、文件、图像、声音等形式传送到世界的各个地方。第二，恰当的语言表达方式的选择。要注意恰当的词汇和恰当的语言风格两个方面。从沟通词汇的准确理解上看，沟通双方在文化和语言上的差异，往往会导致对相同词汇的不同理解。从语言风格的选择上看，沟通双方可以根据不同的沟通主题决定，是选择正式语言、非正式语言或是非规范语言等不同风格的语言，运用不同的沟通方式服务于不同的沟通对象和沟通目的。

# 第五节　绩效管理沟通效果评价

绩效考核沟通效果评价，是用系统的方法来评定员工在职务上的工作行为和工作效果的工具，也是防止绩效不佳和提高绩效的工具。考核工作要通过管理者和员工共同合作的方式来完成，这就需要管理者和员工之间进行双向沟通。绩效考核沟通效果评价的主要内容包括考核制度与方案评价、考核过程评价和考核申诉。

## 一、考核制度与方案评价

一方面，绩效管理过程是一个管理者和员工持续双向沟通的过程。另外，虽然在绩效目标确立时，双方已经进行了沟通和确认，但是在拟订绩效考核制度时还需要进一步沟通。实际上，有些组织不是在成立之初就建立了绩效考核制度，而是随便使用一个绩效考核办法，或者是在设计绩效考核制度时没有深入研究组织的特性和需要，忽略了组织内部的绩效考核沟通。因此，当这个制度不适应已经成长起来的组织时，如果组织仍然沿用旧方法，或者采用"头痛医头，脚痛医脚"的方法，就会使绩效考核漏洞百出，难以实行。因此，在制定或修改绩效考核制度时，管理者只有与员工进行充分的沟通，才能得到适应组织发展需要的有效的绩效考核制度。另一方面，现实中存在着考核方案难以执行的情况，可能是由于方案过于复杂精细，而实施人员的素质有待提高，也可能是由于方案缺乏实际针对性等等，但是最主要的原因是没有做好沟通工作。可见，对考核方案的沟通远比方案本身重要得多。绩效考核方案中的考核方法、指标、标准等内容都是员工在考核前应该清楚明白的，只有员工对考核方案理解并且愿意接受，绩效考核才能顺利进行。

## 二、考核过程评价

绩效考核是一项复杂的工作，往往需要投入较多的人力和物力，而且不一定能够达到预期的效果。绩效考核不能取得预期的效果，原因是多方面的，其中一个不容忽视的原因是没有在考核过程中做好充分的沟通，因此，实施绩效考核时，管理者与员工之间的交流沟通是十分必要的。在进行绩效考核沟通时，管理者需要进行有针对性的沟通，同时与员工建立平等的双向沟通，并且在考核的过程中提高考核工作的透明度。

## 三、考核申诉

考核申诉是为了使考核制度完善化和在考核过程中真正做到公平、公正、公开、合理而设定的特殊程序。发生考核申诉的原因有三种：一是绩效考核中存在一些误区，例如平均趋势、极端倾向、晕轮效应、近因误差等；二是员工对考核结果不满，或者认为考核者在评价标准的掌握上不公正；三是员工认为考核者对考核标准运用不当，有失公平。因此，要设立考核申诉沟通这一特殊程序，从制度上促进绩效考核工作的合理化，达到提高组织绩效的目的。

# 参考文献

［1］宋玉可. 提升组织绩效 从考核开始认识绩效管理［M］. 杭州：浙江工商大学出版社，2023.

［2］孙荣高. 绩效考核与薪酬设计实操［M］. 广州：广东经济出版社，2022.

［3］陈国海，卢晓璐，邓宗春. 绩效管理［M］. 北京：清华大学出版社，2022.

［4］李宝莹. 绩效管理实务［M］. 北京：中国人民大学出版社，2022.

［5］韦祎. 绩效管理实践与考核工具［M］. 北京：人民邮电出版社，2021.

［6］任康磊. 绩效管理与量化考核从入门到精通 第 2 版［M］. 北京：文化艺术出版社，2020.

［7］张霞. 绩效考核与薪酬管理［M］. 西安：西安电子科技大学出版社，2019.

［8］吴新刚，刘蕊. 老 HR 手把手教你搞定绩效管理［M］. 北京：北京联合出版公司，2019.

［9］席俊秀，史冶佳，罗爱军. 项目与绩效考核管理研究［M］. 长春：吉林出版集团股份有限公司，2022.

［10］李桂芬. 企业绩效考核和薪酬设计实务［M］. 北京：化学工业出版社，2021.

[11] 尤涛. 现代企业绩效考核和薪酬管理模式创新 [J]. 现代企业, 2023（11）: 71-73.

[12] 孟凡杰. 基于 KPI 的 A 公司绩效管理现状及考核体系实践 [J]. 现代企业, 2023（10）: 105-107.

[13] 董芸薇. 企业绩效考核管理及变革新思路[J]. 人力资源, 2023,（18）: 32-33.

[14] 李小婵. 国有企业开展绩效考核管理的相关思考 [J]. 活力, 2023, 41（17）: 91-93.

[15] 石颖. 平衡计分卡在企业绩效考核管理中的有效应用 [J]. 中国管理信息化, 2023, 26（17）: 149-151.

[16] 刘晓云. 企业应用 360 度绩效考核存在的问题及解决策略 [J]. 投资与创业, 2023, 34（16）: 91-93.

[17] 苏天一. 绩效考核在企业人力资源管理中的应用[J]. 人才资源开发, 2023（14）: 94-96.

[18] 张颖. 绩效考核在企业人力资源管理中的应用浅析[J]. 财经界, 2023（20）: 162-164.

[19] 栗瑞杰. 绩效考核在企业人力资源管理中的运用与优化策略 [J]. 全国流通经济, 2023（13）: 109-112.

[20] 郑玉恩. 企业绩效考核的管理与创新研究 [J]. 全国流通经济, 2023（13）: 137-140.

[21] 李佳妮. X 公司绩效管理体系优化研究 [D]. 邯郸: 河北工程大学, 2022.

[22] 徐磊. 基于平衡计分卡的 M 公司绩效管理研究 [D]. 景德镇: 景德镇陶瓷大学, 2021.

[23] 甘晨. A 公司员工绩效考核优化研究 [D]. 昆明: 云南师范大学, 2021.

[24] 彭晓玲. S 公司绩效管理体系优化研究 [D]. 重庆: 西南大学, 2021.

［25］俞明芬.基于平衡计分卡的C公司绩效管理优化研究［D］.南昌：南昌大学，2020.

［26］杨海霞.A公司绩效管理体系优化研究［D］.青岛：青岛科技大学，2020.

［27］赵博.中铁X局集团Y项目部一线员工绩效考核体系优化研究［D］.上海：上海外国语大学，2020.

［28］朱继强.国有企业绩效考核管理系统的设计与实现［D］.大连：大连海事大学，2019.

［29］梁丹.A公司绩效管理研究［D］.成都：西南交通大学，2018.

［30］盘玲梅.基于KPI考核指标对房地产签约管理部各岗位绩效管理方案的研究及优化建议［D］.昆明：云南财经大学，2018.